新時代の
法学・憲法

山田　勉・笹田哲男　編著
七野敏光・豊福　一・仲尾育哉・姫嶋瑞穂　共著

建帛社
KENPAKUSHA

はじめに

　法を学ぶ，というとかた苦しく面倒な印象がある。裁判官や弁護士や学者，そこまではいかなくとも公務員や各種の資格をめざす人にとっては，学ぶ苦労が必要な場合もある。しかし，法を学ぶことはこれらの人にだけ必要なのだろうか。

　人は，家族で暮らし，村や都市をつくり，国家をつくり，グローバルネットワークでつながっている。誰もが他者とともに生きているのである。自分が孤独でないことは心強いが，同時に，他者と折り合いをつけて暮らすためには，それぞれが勝手に行動して紛争を起こしたのでは困る。法というルールは，世の中をうまく維持するためのものである。それがどんなルールなのかを知ることは誰にとっても大切なはずである。

　夏目漱石は『草枕』で，「人の世を作ったものは神でもなければ鬼でもない。やはり向う三軒両隣りにちらちらするただの人である。ただの人が作った人の世が住みにくいからとて，越す国はあるまい。あれば人でなしの国へ行くばかりだ。人でなしの国は人の世よりもなお住みにくかろう。」と言っている。

　漱石の言うとおり，この世の中は，ただの人がつくっている。人でなしの国へ引っ越すのがいやなら，この世の中を少しでも住みやすくしていくほかはない。だとすれば法を技術的にばかり考えず，ふつうの人に必要な基礎知識や法的センスを育てていくこともまた大事な法学教育であるということがわかる。

　大正期に東京帝大教授末弘厳太郎は『農村法律問題』という書物を書いた。地主と小作人の争議が頻発していた時期である。大学は欧州理論の輸入に忙しい。法知識をもっとも必要としている場所に法知識が届いていないことが，この傑出した法学者には見えたのである。法が支配層の独占物ではなく，誰にでも法知識が必要なことがはじめて発見されたと言っていい。

　本書『新時代の法学・憲法』は法学部で学ばない，おそらく法を学ぶ最初で最後の機会になるようなふつうの学生のために書かれた。折しも人類はサイバ

ー空間という新大陸を発見し，日本では民法が改正され，平成が終わって，さまざまな社会制度，人間関係，国際関係が驚くような速度で変わりつつある。6人の著者は，この変化に目を配りながら，生活に基本的な法分野と憲法のわかりやすい説明につとめたつもりである。本書が，ほんの少し暮らしに役立ち，平和や権利，憲法や法律について考えるきっかけとなればありがたいと思う。

2019年2月

山　田　　　勉
笹　田　哲　男

目　次

第Ⅰ部　法学

第1章　法の種類と権利の主体　　2
1. 法とは何か …………………………………… 2
2. 法の解釈 ……………………………………… 3
3. 法の種類 ……………………………………… 5
4. 法と権利 ……………………………………… 6
5. 権利の主体 …………………………………… 7

第2章　婚姻と離婚　　9
1. 婚　　姻 ……………………………………… 9
2. 婚姻の解消 …………………………………… 12
3. 婚約・内縁 …………………………………… 15

第3章　親　　子　　16
1. 実　　子 ……………………………………… 16
2. 養　　子 ……………………………………… 19
3. 親　　権 ……………………………………… 22

第4章　扶養と公的扶助，保険　　24
1. 扶養と公的扶助 ……………………………… 24
2. 社会保険 ……………………………………… 27

第5章 相　　続　　32

1. 相続の意義 …………………………………… *32*
2. 相　続　人 …………………………………… *33*
3. 相　続　分 …………………………………… *34*
4. 遺 産 分 割 …………………………………… *36*
5. 相続の承認と放棄 …………………………… *37*
6. 遺言と遺留分 ………………………………… *37*

第6章 物権と債権　　39

1. 権利とは何か ………………………………… *39*
2. 私権の分類 …………………………………… *39*
3. 物権と債権の違い …………………………… *40*
4. 私権の行使—その自由と限界 ……………… *43*

第7章 契約—成立と解除，借地権—　　46

1. 契 約 と は …………………………………… *46*
2. 契約の成立 …………………………………… *46*
3. 契約の効力 …………………………………… *48*
4. 契約の解除 …………………………………… *51*

第8章 契約—消費貸借ほか—　　53

1. 契約の類型 …………………………………… *53*
2. 消費貸借契約とは …………………………… *53*
3. 金銭消費貸借契約 …………………………… *53*
4. クレジットカードの利用とその仕組み …… *56*
5. 住宅ローン …………………………………… *57*

第9章 不法行為　*60*

1. 日常生活と不法行為 …………………………… *60*
2. 不法行為の意義 ………………………………… *60*
3. 不法行為制度の目的と機能 …………………… *61*
4. 不法行為の要件 ………………………………… *62*
5. 不法行為の効果—損害賠償 …………………… *65*

第10章 消費者法　*67*

1. 消費者法とは …………………………………… *67*
2. 消費者を取り巻く問題状況 …………………… *67*
3. さまざまな消費者問題に対応する消費者法 … *68*

第11章 労働法　*74*

1. 労働法とは ……………………………………… *74*
2. 労働基準法 ……………………………………… *74*
3. 労働組合法 ……………………………………… *78*
4. 労働関係調整法 ………………………………… *79*

第12章 医事法　*80*

1. 医療と法 ………………………………………… *80*
2. 生命の操作 ……………………………………… *81*
3. 人の終焉に関わる問題 ………………………… *83*

第13章 刑事法　*87*

1. 刑法の機能と基本原則 ………………………… *87*
2. 犯罪の成立要件 ………………………………… *88*
3. 現行の刑罰制度 ………………………………… *91*

第14章 紛争解決　　95

1. 公的な紛争解決方法の必要性 …………………………………95
2. 裁判所の種類 ……………………………………………………95
3. 地方裁判所における審理の概要 ………………………………96
4. 簡易裁判所の手続き ……………………………………………99
5. 家庭裁判所の手続き …………………………………………100

第Ⅱ部　憲法

第15章　憲法の性質　　104
1. 異文化としての憲法 …………………………………… *104*
2. 憲法の誕生 …………………………………………… *106*
3. 明治憲法の成立 ……………………………………… *107*
4. 民主的日本国憲法の成立 …………………………… *108*

第16章　国民主権と人権　　111
1. 国　民　主　権 ……………………………………… *111*
2. 基本的人権の性質 …………………………………… *112*
3. 自　　由　　権 ……………………………………… *114*
4. 社　　会　　権 ……………………………………… *115*
5. 個人の人権と公共性 ………………………………… *116*

第17章　個人の尊重　　118
1. 個人の尊重と幸福の追求 …………………………… *118*
2. 新しい人権 …………………………………………… *119*

第18章　法の下の平等　　125
1. 平等権の法的性格 …………………………………… *125*
2. 平等権の内容 ………………………………………… *125*
3. 代表的な判例 ………………………………………… *127*

第19章　精神の自由　　132
1. 思想・良心の自由 …………………………………… *132*
2. 信教の自由 …………………………………………… *133*

3. 表現の自由 ……………………………………………… *134*
　　4. 学問の自由 ……………………………………………… *137*

第20章　人身の自由　　*138*
　　1. 奴隷的拘束，苦役からの自由 ………………………… *138*
　　2. 法定手続の保障 ………………………………………… *139*
　　3. 被疑者の権利 …………………………………………… *139*
　　4. 被告人の権利 …………………………………………… *141*

第21章　経済活動の自由　　*144*
　　1. 経済的自由・財産権の保障 …………………………… *144*
　　2. 経済的自由・財産権の保障についての歴史的変遷 …… *144*
　　3. 職業選択の自由 ………………………………………… *145*
　　4. 居住・移転・外国移住の自由 ………………………… *146*
　　5. 財産権の保障 …………………………………………… *148*

第22章　社　会　権　　*150*
　　1. 自由権と社会権 ………………………………………… *150*
　　2. 生　存　権 ……………………………………………… *151*
　　3. 教育を受ける権利 ……………………………………… *154*
　　4. 労働者の権利 …………………………………………… *155*

第23章　参政権と義務　　*157*
　　1. 参　政　権 ……………………………………………… *157*
　　2. 選挙制度と選挙権 ……………………………………… *159*
　　3. 基本的義務 ……………………………………………… *161*

第24章 立 法 権　　　　　　　　　　　　　　　　　　164
　1. 国会と立法権 …………………………………………… 164
　2. 国会・議院の権能，議員の特権 ……………………… 168

第25章 行 政 権　　　　　　　　　　　　　　　　　　172
　1. 行政権と内閣 …………………………………………… 172
　2. 内閣の権能 ……………………………………………… 175
　3. 議院内閣制 ……………………………………………… 176

第26章 司法権／地方自治　　　　　　　　　　　　　　179
　1. 司　法　権 ……………………………………………… 179
　2. 地　方　自　治 ………………………………………… 183

第27章 平 和 主 義　　　　　　　　　　　　　　　　185
　1. 平和主義憲法の形成 …………………………………… 185
　2. 自衛戦争の否定 ………………………………………… 186
　3. 自衛のための武力行使の肯定 ………………………… 187
　4. 個別的自衛権と集団的自衛権 ………………………… 189

第28章 象徴天皇制　　　　　　　　　　　　　　　　　192
　1. 天皇の地位 ……………………………………………… 192
　2. 国　事　行　為 ………………………………………… 193
　3. 皇位の継承 ……………………………………………… 195

■参　考　文　献 …………………………………………… 197
■索　　　　引 ……………………………………………… 199

第 I 部
法　学

第1章 法の種類と権利の主体

1．法とは何か

　法は人間社会を維持していくためのルールである。同じような機能を持つものには，宗教，道徳，慣習などがあるが，近代社会ではその中でも法は最も強力で，違反すれば国家によって罰せられたり強制されたりすることが他の社会的ルールとは異なる。

　戦争や暴動，略奪などのむき出しの暴力を見て，それを暮らしやすいと感じる人は少ないだろう。野良猫は飼猫に比べて半分以下の寿命しかない。常に外敵に襲われる強い緊張の中で暮らすのは，人にも猫にも過酷である。それに比べれば，古代の抑圧的な専制国家でも，そこに何らかの社会秩序があることが利点であった。法は社会秩序をルール的に表現したものであると言ってもよい。

　法の主要な役割は，安定した秩序をつくること，社会と個人の安全を守ること，社会に正しさを保障することである。身分制社会では，身分間の格差を守ることが安定であり正しさでもあったが，自由平等の現代社会ではそれは不公正・不平等になってしまう。固定した理念を押し付けることが秩序なのではなく，常に変化し続ける社会に適合的な秩序をつくり続けるのが法の役割である。

　また道路交通法が頻繁に変わるような社会では，交通事故が絶えないはずである。法そのものが安定することも重要なのである。法と社会秩序は相互に影響し，法が秩序をつくるとともに秩序もまた法をつくるのである。

　安全を保障することは，法の大きな目的である。ヨーロッパや中国の都市はかつて頑丈な城壁で囲まれており，夜間には門を閉ざした。安全でない時代では，盗賊や異民族の襲撃から生命と財産を自力で守るほかなかったのである。日本でも環濠集落という，古い村が堀と土塁で防備した姿を今に残しているも

のがあって、いかに外からの侵入者を警戒したかがわかる。現代では城壁も堀もないのに、都市が外敵に略奪されるようなことはなくなった。刑事司法、警察力、貧困対策、教育などが法を通じて供給され、少しずつ効果を上げてきた。夜に襲われる心配をすることなく安心して眠れる安全は、法がつくり出しているのである。

法は正しくなくてはならないが、社会において正しいということは計算問題の答えのようには決められない。人を殺すことは重大な違法であることに疑問の余地はないが、戦争になれば同じ行為が合法化される。婚約を破ることは正しいとは言いにくいが、だからといって婚約を理由に婚姻を強制することはできない。被相続人が認知した子に相続権が生じることは、その子にとっては父の遺産を受けるのであり正しい。一方、被相続人の婚姻家族にとっては、自分たちには何の過失もないのに相続権を害されることになってしまう。

何が正しいのか一義的には決められない。しかし、そのことと、正しさの基準がないということは違う。所得税の累進税率（所得が多いほど税率が上がる）はどう定めるのが正しいかと考えても、固定した正解はどこにもない。しかし累進税率の主な目的が、高所得層から低所得層へ所得の再分配を行って、社会の経済的格差を縮小することにあるのははっきりしている。だとすれば、再分配がうまく機能して格差が縮小するかどうかが正しさの基準になる。

権利の語はもともと英語のright（正当性）を翻訳したものであり、正しさは法の不可欠の要素である。18世紀には西欧にも奴隷がいて、それは法的に正しいことだったが、今では奴隷制を支持する国はない。正しさはひとつの理念であるが、法の正しさは常に現実の社会動態の中で見出されねばならないのである。

2. 法の解釈

法は言葉を用いて表現されるので、その言葉をどう理解するのかという解釈の問題が発生する。日常に使われる言葉は多義的である。例えば「結構」という語は、構成の意味にも、対象をほめる意味にも、申し出を断る意味にも用いられる。法は、多くの場合強行性を持つので、あまりに多義的に書かれていては混乱が生じる。

法の専門用語はそのような混乱を避けるために，普通より意味を狭くしたり，読み方を変えたり，普通とは違う意味にしたりしている。「出生」は生まれることであるが，民法では胎児の体全体が母体から現れたとき，刑法では胎児の体の一部が母体から現れたときを指す。「遺言」は通常「ゆいごん」と読み，故人のメッセージのことである。しかし，これを民法の相続の問題として扱うときは「いごん」と読んで，故人の財産や債務などの処分に関する意思表示の意味に理解するのである。「善意・悪意」という語は，一般的には文字通りの意味だが，法的には，「事情を知らない・事情を知っている」という意味であり，全く意味が変わってしまう。日常的な言葉を変容させることによって，法はあいまいさを少しでも減らそうとしているのである。

　法解釈の方法には，文理解釈，拡張解釈，縮小解釈，類推解釈，勿論解釈，反対解釈などがある。文理解釈は条文そのままに読み取ろうとするもので，駐車禁止の標識があれば，ここに自動車を駐車してはならないと常識的に読み取る。それ以外のことは指示されていないと考えるのである。

　文理解釈だけで済むのであるなら話は簡単である。しかし，法は変化する社会に対応して形成されるのであって，いわば法は社会の後ろからついていくのである。社会のすべてを法がカバーするのは原理的に不可能である。

　そこで，法の規定のない事案にどう対応するかという問題が生まれる。明治期に電気が窃盗罪の「財物」にあたるかという議論があったことは有名だが，法が予期していない事態に対応するためには，立法と解釈の2つの方法がある。立法は根本的な解決ではあっても煩雑であるため，多くの場合に解釈が試みられることになる。

　拡張解釈は文理解釈よりも意味を拡張して，駐車禁止は，自動車がいけないのなら荷車も自転車も車椅子もだめだろうと考える。縮小解釈は，文理解釈よりも狭く考えて，運転者が車を離れた場合を禁止したと考えるような場合を指す。

　類推解釈は，規定がないことについて他の規定から類推する。ここに自動車をとめてはいけないのなら，馬をつなぐのもだめだろうという類である。

　勿論解釈は，ある規定の解釈から当然に別のことがいえるという場合である。天皇の職務が困難な場合に摂政を置くが，摂政は訴追されないという規定

がある。天皇の訴追に関する規定はないが，摂政が訴追されないのなら，天皇は当然訴追されないと考える。

反対解釈は，文理解釈を拡張解釈とは反対側に拡張して，駐車禁止は自動車の駐車を禁止しているので，そのほかのものは禁止されていない，例えば馬をつなぐのはかまわないだろうと解釈するのである。

3. 法の種類

法は伝統的には公法と私法とに分けられる。公法は，国や公共団体が関係する領域の法で，憲法，行政法，刑法，訴訟法などが含まれる。私法は，私人間の領域の法で，民法，商法などが含まれる。私法には，契約の自由，所有権の絶対，過失責任という3原則があるが，社会の発展に伴ってこれらの原則が変更される領域が生まれた。この領域の法を社会法と呼んでいる。社会法には，労働法，社会保障法，経済法などが含まれる。社会法はもともと私法だったが，そこに国の規制を加えたもので，私法と公法の中間的な法領域ということができる。例えば，労働関係はもと自由契約だったが，労働法は最低賃金や労働時間などを法定して労働条件を下支えしていることなどがその例である。

同じ分野に2つの法律が存在する場合，より大まかな規定を一般法，より詳細な規定を特別法という。民法に対して商法は特別法であり，商法に対して銀行法は特別法である。特別法は一般法に優先する。銀行に関しては，民法や商法ではなく銀行法が適用されるのである。

法には文字化されてテクストが確定できるものと，法として存在しているが文字化されていないためテクストが必ずしも確定できないものとがある。前者を成文法，後者を不文法という。法律など官報に掲載され，法令集に印刷されているものはすべて成文法である。不文法には，判例法，慣習法がある。成文法のほとんどは議会や政府などでつくられた制定法であり，不文法はその中に制定法を含む場合もあるが，それ自体は制定法ではなく，長い時間をかけて生成した法である。

判例法は個々の事案に対する裁判所判決の集積である。判決は成文であるが，それぞれ事情の異なる事案に対する決定であるため，効果はその事案のみにとどまり，法律のようには一般化されない。事情や裁判官が変われば判決も

変わるのである。ある問題について判決の集積あるいは最高裁判決が一定の方向を示すようになると，それは各裁判所の判決をその方向に誘導し，判例法として機能する。

　慣習法は，社会に行われている慣習が法的効力を認められている場合の呼称である。法律等の公布は官報掲載によってなされるが，それを定めた法令はなく，慣例が法的効力を認められている。また家屋を賃貸借する場合，敷金，権利金，保証金などを支払うことがあるが，これも地域によって呼称も金額も権利義務の内容も異なっているのであり，慣習法として機能している。

　日本やヨーロッパの国々は成文法・制定法中心であるが，イギリスは憲法も不文法であり，膨大な先例集積からなるコモンローをはじめ，不文法の重要性が大きい。かつてイギリスの植民地だった国々はその法文化を受け継いでいる。

　法にはまた効力の違ういくつものレベルがある。レベルの高い法は低い法に優先する。最も高いレベルの法は最高法規である憲法である。これに反する法や決定，処分などはすべて効力を失う。次に高いレベルは外国との条約である。条約に反する国内法は改正しなければならない。女子差別撤廃条約に伴う男女雇用機会均等法や労働基準法などの改正はその例である。

　その次は法律であり，国会だけが制定できる。次は内閣の定める政令，その次は中央省庁の定める省令であって，例えば学校教育法は法律であり，学校教育法施行令は政令，学校教育法施行規則は文部科学省令である。

　これより下のレベルにもさまざまな法的効力を持つものがあり，生活保護基準のような基準，学習指導要領のような告示，他にも規程，指針などがある。規則という名称のものには，最高裁判所規則や都道府県知事・市町村長などの定める規則，行政委員会の規則，施行規則，各種の内部規則などがあり，レベルの異なるものが混在しているので注意を要する。

　都道府県議会，市町村議会などの地方議会の制定法は条例と呼ばれ，効力はその自治体の範囲内にとどまる。

4．法と権利

　日本語や英語では，法と権利をそれぞれ別の語で区別するが，ドイツ語では

Rechtという語で両者をともに表現する。法と権利が一体化する場合もあるほど，西洋ではこの2つの観念は近いのである。

東アジアでは法文化の中心は中国であり，ここには権利観念はなく法だけがあり，その法も皇帝の権力の下にあった。したがって，古来より日本にも朝鮮半島にも権利観念はなかった。権利がないので，法は禁止・命令などの上からの規制として受け取られ，民には支配者の命令に応ずる責任と義務だけがあった。西洋由来の権利という翻訳語を日本で用いるのは近代以後のことで，中国語も今では権利の語を用いている。

権利の本来の意味は「正当性」「正しさ」ということであるが，現在では，自分の利益を主張したり，他人に何かの行為を求めたりできる正当な地位，というような意味で用いられている。権利の正当性は，何もしなくても保障されているわけではない。権利者だからといってその権利行使をおこたれば，時効によって自分の権利が消滅したり，他人のものになってしまったりする場合もある。自分の権利は自分で守らなくてはならない。

日本では，上からの規制としての法との付き合いは深く，民に力や可能性を保障する権利とのなじみは浅いのである。法を学ぶというと，堅苦しいことのように思うのは，上からの規制を連想するからである。歴史的に理解の足りていない権利をよく学ぶことは，広い意味の法感覚を養う上で有益である。

権利には私権と公権がある。私権は私人間の権利であって，出生によって取得する。公権は国や公共団体との間の権利であって，選挙権は成人になって取得するように，権利の種類によって取得の態様は異なる。

私権には財産権と非財産権がある。財産権は財産的価値のある権利であり，非財産権は親が未成年の子を育てる親権のように財産ではない権利である。

5．権利の主体

権利を持つことができるのは人だけである。動物の生きる権利などと比喩的に表現されることはあるが，法的には動物は人の権利の対象ではあっても，動物自体が権利を持つことはない。

人には自然人と法人の2種類がある。自然人とは生物としてのわれわれ人間のことである。自然人にはすべて権利能力が備わっており，権利を持つことの

できる資格がある。しかし生まれたばかりの子は，権利を持つ資格があっても，その権利を行使できるはずがない。権利を行使するには，権利能力に加えて行為能力，つまり単独で適切に法律行為を行うことができる能力が必要である。

行為能力が十分でない者のことを制限能力者という。未成年者の法律行為には親の同意が必要である。未成年者が単独でした行為は取り消すことができる。判断力の十分でない者が法律行為によって予期しない不利益を受けることから，当人を守ろうとするのである。

病気や障害などによる成人の制限能力者は，最も重度の場合を成年被後見人といい，法律行為には後見人が必要である。成年被後見人より病気や障害の程度がやや軽い者を成年被保佐人，もう少し軽い者を成年被補助人という。これらの成年制限能力者の行為も取り消すことができる。

取り消した行為は，取り消しが行われるまでは有効であり，その期間に生じた問題については責任を負わなければならない。違法行為や民法の公序良俗に反する行為は，はじめから無効である。賭博の借金や覚醒剤購入の契約などは，署名や捺印があったとしても無効であり，借金や契約がはじめからなかったものとして取り扱われる。

法人とは，自然人ではないものに法的に人格を認めたものであり，その本体が自然人の団体であるものを社団法人，本体が財産であるものを財団法人という。法人はその機関を通じて自然人と同じように活動できる。任意団体とは違い，不動産を法人名義で所有したり，売却したり，銀行に法人名義の口座を開設することもできる。

法人の活動目的によって分類する場合もある。公共の利益のために活動する公益法人，法人の利益を目的とする営利法人，地域などのために活動するNPO法人（特定非営利活動法人）である。公益法人には寺社や教会などの宗教法人，私立学校を経営する学校法人，病院を経営する医療法人，保育所や老人ホームなどを経営する社会福祉法人などがあり，営利法人としては株式会社が代表的である。

第2章 婚姻と離婚

1. 婚　　姻

(1) 婚姻の意義

　婚姻は時代や社会により一様ではないが，わが国では，個人婚としての一男一女の性的結合で，子の養育・監護の責任を担う永続的共同生活関係を指すと理解されている。なお，一般には「結婚」という用語が使用されるが，法律用語としては「婚姻」という。

(2) 婚姻の成立要件

1) 実質的要件と形式的要件

　婚姻は，男女の婚姻生活共同体の形成に向けた意思の合意が基礎となることは日本国憲法24条の定めるところである。しかし，当事者の意思だけではなく，届出という方式を要求し，戸籍法が定める婚姻届の提出義務が課せられ（届出婚主義），それが受理されて婚姻が成立する（法律婚主義）。すなわち，婚姻は，婚姻意思の合致（実質的要件）と届出の受理（形式的要件）を満たせば成立する。

　「婚姻の意思」は，社会観念上夫婦であると認められるような関係をつくる意思のことであり，当事者の自由な真実の意思に基づくものでなければならない。未成年者や成年被後見人も意思能力がある限り，自らの意思で婚姻をすべきで，代理に親しまない（民法738条，以下本章条文で特にことわりのないものは，すべて民法を指す）。なお，婚姻の意思は，原則として，婚姻届作成及び届出の受理のときに存在していなければならない。

　婚姻の成立には，戸籍法の定めに基づく届出が必要である（739条1項）。届出は，当事者双方及び成年の証人2人以上によって，口頭又は署名した書面で行わなければならない（同2項）。

2）消極的要件—婚姻障害の不存在

婚姻届が受理されるためには，以下の条件に抵触しないことが必要である。
① **婚姻適齢**（731条）：精神的・肉体的・社会的に未成熟な者の婚姻を防止するための公益的要請から，男は18歳，女は16歳以上でなければ婚姻を締結することはできない。ただし，未成年者保護の観点から，未成年者が婚姻するためには，原則として父母の同意が必要である。なお，2022年4月1日施行の民法の一部を改正する法律による成年年齢の18歳への引下げに伴い，男女ともに婚姻開始年齢を18歳以上に統一する見込みである。
② **重婚の禁止**（732条）：わが国が一夫一婦制をとっていることの表明として，配偶者のいる者は，重ねて婚姻をすることはできない。
③ **再婚禁止期間**（733条）：女性は，前婚の解消又は取消しの日から100日を経過した後でなければ再婚をすることができない。ただし，(i)前婚の解消又は取消しの時に懐胎していない場合，あるいは，(ii)その後に出産した場合，には再婚をすることができる。
④ **近親婚の禁止**（734条〜736条）：優生学上の配慮や倫理観念から，直系血族又は三親等内の傍系血族，直系姻族の間では婚姻をすることができない。

（3）婚姻の効果
1）一般的効果
① **氏の共同**（750条）：夫婦は，婚姻の際にいずれか一方の氏を協議で選択して同氏としなければ，婚姻届は受理されない（夫婦同氏の原則）。選んだ氏の者が戸籍の筆頭者となる新戸籍が編成される（戸籍法16条）。
② **同居・協力・扶助義務**（752条）：配偶者には，夫婦としての共同生活が要請され，一方が同居に応じない場合には，他方は同居を請求することができる。ただし，同居義務は，あくまで夫婦共同生活の実をあげ，夫婦円満を期するものであるから，一方配偶者に同居拒否の正当事由が存在するのであれば，他方配偶者からの同居請求に応じる義務はないとされる。協力義務は，婚姻共同生活の実現に必要な，家事の運営，配偶者の病気の看護，子の養育などの仕事の分担義務であるが，強制はできない。扶助義務は，配偶者間の生活を保障する，いわゆる生活保持義務である。夫婦の社会的地位に適した

等質・等量の共同生活が営まれなければならず，夫婦は相互に相手方に自己と同一水準の生活を保障すべき義務を負う。
③ **貞操義務**：民法上に明文規定はないが，不貞行為を離婚原因としていることから（770条1項1号），その反面として，貞操義務を負うとされる。ただし，婚姻関係がすでに破綻している場合には，責任を負わないと解される（最判平成8年3月26日民集50巻4号993頁）。
④ **契約取消権**（754条）：「法は家庭に入らない」との伝統的観念から，夫婦間の契約については，一方の意思表示によっていつでも取り消すことができる。ただし，夫婦関係が円満を欠き，破綻に瀕している場合の契約には，本条の適用はない（最判昭和42年2月2日民集21巻1号88頁）。
⑤ **親族関係の発生**（725条）：配偶者は親族となり，相手方血族との間に姻族関係が発生する。
⑥ **配偶者相続権**（890条・900条）：被相続人の配偶者は常に相続人となる。
⑦ **婚姻による成年擬制**（753条）：婚姻している夫婦に対して，親権者・後見人が法定代理人として介入することは望ましくないとの配慮から，未成年者が婚姻した場合には，行為能力者として扱われることになる。なお，成年擬制の効果は，婚姻の解消によって消滅しないと解される。

2）財産的効果

① **夫婦別産制**（755条・762条）：婚姻前から有する財産，及び婚姻中に自己の名義で得た財産は，各自の特有財産となる。他方で，婚姻共同生活継続中にどちらの所有に属するか明らかでない財産が生じた場合は，夫婦の共有財産であると推定される。
② **婚姻費用の分担義務**（760条）：夫婦は，双方の資産・収入・その他一切の事情を考慮して婚姻生活から生ずる費用を分担する。なお，この規定は，日本国憲法24条2項の規定する「両性の本質的平等」の原則に立脚し，夫婦双方が平等の立場で婚姻生活の維持・確保に責任を負うことを明示したものであり，夫婦が等しい額の費用を負担することを意味するものではない。
③ **日常家事債務の連帯責任**（761条）：夫婦の一方が日常家事に関して，第三者と法律行為をした場合，これによって生じた債務は，他方の配偶者も原則として連帯責任を負う。

(4) LGBTと同性婚

「LGBT」とは，性的少数者の総称であり，「レズビアン（女性同性愛者）」，「ゲイ（男性同性愛者）」，「バイセクシャル（両性愛者）」，「トランスジェンダー（性別越境，性別違和）」の頭文字をとって名付けられた。LGBTについては，理解が進み始めてはいるものの，いまだに偏見が根強く，婚姻などの社会制度の整備も十分とはいえない。

海外では，2002年4月から同性婚を法的に認めたオランダをはじめ，2018年1月現在，24か国で同性婚が認められ，異性同士の婚姻と同等の相続や社会保障に関する権利が同性カップルにも認められている。また，デンマークやスイス，ドイツなどのように，婚姻ではないにしても，婚姻とほぼ同様の権利義務を認める「同性パートナーシップ」の登録を認める国も数多く存在する。さらに，フランスなど一部の国では，同性婚と同性パートナーシップの両方を認めている。

わが国では，日本国憲法24条1項にある「婚姻は，両性の合意のみに基づいて成立し，夫婦が同等の権利を有する」との文言において，「両性」＝「男女」，「夫婦」＝「男女」と解釈されていることを根拠に，同性婚は法律上認められていない。

一方で，2015年に東京都渋谷区議会で，同性カップルに対し結婚に準じる関係と認める「パートナーシップ証明」の発行が可決されたことを皮切りに，現在一部の地域では同性パートナーシップ制度を導入している。この制度を導入している地方自治体は9市・区（2018年現在）あり，検討している地方自治体も増加しつつある。ただし，いずれも条例や要綱での実施であり，地域が限定されていること，また，婚姻関係であれば可能な同性パートナーへの遺産相続権が認められないなど法的拘束力がなく，問題点が多々あるにもかかわらず，法的整備が進んでいないことが大きな課題である。

2．婚姻の解消

(1) 婚姻の解消

婚姻解消の原因には，①相手方の死亡，②失踪宣告（30条），③離婚，がある。離婚の手続きには，協議離婚，調停離婚・審判離婚，裁判離婚がある。

（2）離婚原因

① **不貞行為**（770条1項1号）：夫婦の一方が配偶者以外の異性と自由な意思に基づき性的関係を結ぶことをいう。
② **悪意の遺棄**（770条1項2号）：婚姻関係が破綻する可能性を知り，かつ容認しながら，正当な理由もなく，夫婦間の同居・協力・扶助義務，あるいは婚姻費用分担義務に違反することをいう。
③ **3年以上の生死不明**（770条1項3号）：配偶者が，7年以上生死不明のため，普通失踪宣告を家庭裁判所から得た場合には婚姻が解消するが，この期間を待つことができない場合は，本号により離婚請求ができる。なお，生死不明の原因は問わない。
④ **回復の見込みのない強度の精神病**（770条1項4号）：鬱病・統合失調症・その他の疾患による精神病によって，婚姻共同生活を行えない状態が継続しているときに専門医の鑑定をもとに，法律的判断を加えて決定される。なお，「回復の見込みがない」とは，「相当の期間治療を継続しているがなお回復の見込みがたたないときをいう」と解されている。
⑤ **その他婚姻を継続し難い重大な事由があるとき**（770条1項5号）：配偶者による虐待・侮辱，犯罪行為，性交不能・理由のない性交拒否，精神的結合の欠如，生計不能，過度の宗教的活動，などである。

　①，②は相手方配偶者に責任がある場合にのみ離婚を認める有責主義の規定であるのに対して，③，④，⑤は，相手方に責任がなくても婚姻関係の破綻という結果さえ存在すればその原因の如何を問わず離婚を認める破綻主義の規定である。

（3）婚姻解消の効果

① **再婚の自由**：各当事者は独身となるから，以後各自は再婚の自由をもつ。
② **姻族関係の終了**（728条）：離婚の場合，離婚成立と同時に姻族関係は終了するが，配偶者死亡の場合は，生存配偶者が姻族関係を終了させる意思表示をしたとき（役所に姻族関係終了届を提出する）に姻族関係が終了する（死後離縁）。
③ **復氏復籍**（751条・767条）：離婚の場合は，改姓した者は婚姻前の氏に復

する。ただし，復氏した配偶者が離婚の日から3か月以内に届出をすることによって，夫婦の氏を引き続き称することができる（婚氏続称）。死亡の場合は，生存配偶者は婚姻前の氏に復することができるとし，任意の復氏届による。

④　子の監護と親権（766条・771条・819条）：「子の監護」とは，養育に関する事務をいう。離婚に際して，未成年の子がある場合，夫婦の一方を親権者と定めなければならない。また，場合によっては，監護者の指定や面会交流，養育費の支払いなど，子の監護に関する事項を定める必要がある。

⑤　夫婦財産関係の消滅：夫婦財産契約，婚姻費用分担義務，日常家事に関する連帯責任は，将来に向かって消滅する。なお，死亡の場合は，相続が開始する。

⑥　財産分与の請求権（768条1項・771条）：婚姻中の夫婦財産関係の清算と離婚後の扶養を目的として，離婚の際に夫婦の一方は，相手方に対して財産分与を請求できる。財産分与は，夫婦が婚姻中に有していた実質上の財産を分配する。なお，有責配偶者に対しては，損害賠償（慰謝料）を請求することもできる。

（4）離婚の手続き

①　協議離婚：当事者の意思に基づく自主的解決を尊重する制度であり，婚姻当事者間における意思の合致及び届出により成立する。夫婦に未成年の子がいる場合は，子の親権者を定めて（819条1項），届出書に記載しなければならない（戸籍法76条1号）。

②　調停離婚：協議離婚ができなかった場合に，家庭裁判所に調停の申立てをし，調停委員会の援助により離婚の合意が形成され，調停調書を作成することで離婚が成立する。調停調書は，確定判決と同じ効力を持つ。わが国では，調停前置主義を採用しているため，調停手続きを経なければ離婚裁判を提起することはできない。

③　審判離婚：調停において離婚の合意はあるが，財産や親権者の指定等の問題で調停が成立しなかった場合に，家庭裁判所が職権で当事者双方の申立ての趣旨に反しない程度で離婚の審判をする。審判に不服がある場合，2週間

以内に異議の申立てをすることによって審判の効力はなくなる。
④ **裁判離婚**：裁判離婚は，協議離婚・調停離婚が成立せず，審判離婚がなされないときに，当事者に残された最後の手続きである。法定の離婚原因に基づいて，通常の裁判所が離婚許否の判決を下す。なお，訴訟における和解又は請求の認諾による離婚が認められており，和解離婚数が判決離婚数を上回っているのが実状である。

3．婚約・内縁

(1) 婚　　約

「婚約」とは，婚姻の前段階であり，将来婚姻することについての男女間の契約である。民法は，婚約について規定していないが，男女の誠心誠意な意思の合致により成立する。有効に成立すると，当事者は将来の婚姻の成立に向けて誠実に行動する義務を負うが，一方がこれを履行しない場合でも婚姻の締結を強制することはできない。ただし，正当な事由なく一方的に婚約が破棄された場合，他方はこれによって生じた財産的損害及び精神的損害（慰謝料）を請求することができる。

(2) 内　　縁

「内縁」とは，婚姻意思を持って共同生活を営み，実質的・社会的には婚姻している夫婦と認められているにもかかわらず，婚姻の届出手続きをしないために，法律上は婚姻とはいえない関係をいう。単なる同棲とは異なる。内縁についての民法上の規定はないが，婚姻障害があり，婚姻の成立が認められない場合でも，夫婦共同生活といった社会的事実が認められれば，内縁の成立を認める（大判大正8年4月23日民録25輯693頁）。また，内縁は，婚姻の予約に当たる準婚関係であるとして，婚姻の届出を前提とするものを除き，その他の婚姻の効果はほとんどすべて内縁にも与えることができるとして保護されている。また，内縁の不当破棄の場合には，損害賠償責任を認めている。

第3章 親　　子

1. 実　子

　親子関係は，生物的・自然的血族関係に基礎をおく実親子関係と法定的に親子関係を創設する養親子関係に分けられる。実親子関係は，婚姻に基礎をおく嫡出親子関係と婚姻外の関係から生ずる非嫡出親子関係に分けられる。

(1) 嫡　出　子

　「嫡出子」とは，婚姻関係にある夫婦から出生した子をいう。嫡出子には，「推定される嫡出子」，「推定されない嫡出子」，「推定の及ばない子」がある。

1) 推定される嫡出子

　民法には，母子関係について定めた規定はないが，通常，分娩の事実により母子関係は確定できる。しかし，父子関係の確定は，妻が婚姻中に懐胎したことを直接証明することは困難である。そのため，民法は，妻が婚姻中に懐胎した子は，夫の子と推定し（772条1項，以下本章条文で特にことわりのないものは，すべて民法を指す），さらに婚姻の成立の日から200日を経過した後又は婚姻の解消若しくは取消しの日から300日以内に生まれた子は，婚姻中に懐胎したものと推定する（同2項）。

　同条は，夫婦が同居し，正常な婚姻生活を営み，妻の貞節が期待し得るところに成立し，夫の子であることを推定する趣旨の規定である。したがって，このような前提の成立し得ない場合には，嫡出推定を覆す手段として，夫に対して子が嫡出であることを否認し，親子関係を否定することを認めている（嫡出否認の訴え）。ただし，その手続きについては，①嫡出否認は訴えによらなければならない（774条），②その訴えは子の出生を知ったときから1年以内に提起されなければならない（777条），③夫が子の出生後に嫡出性を承認したときは，もはや否認することはできない（776条），と厳格な要件を規定する。なお，

命名したことや出生届を提出したことは，承認とはいえない。

2）推定されない嫡出子

「推定されない嫡出子」とは，婚姻届を出さないうちや，婚姻成立後200日以内に生まれたか，又は婚姻解消・取消しの日から300日後に生まれたため，772条の嫡出推定が及ばない子をいう。形式的には嫡出子ではないが，判例は，「内縁関係が先行する場合には，婚姻成立の日から200日以内に出生した子も，出生と同時に当然に父母の嫡出子の身分を有する」とした（大連判昭和15年1月23日民集15巻54頁）。ただし，戸籍実務は，実質的審査権を有しておらず，内縁関係の先行を調査する権限を持たない。そのため，戸籍実務の取扱いでは，内縁関係中の懐胎かどうかにかかわらず，婚姻後200日以内に生まれた子をすべて嫡出子であるとして出生届を受理し，実質的に嫡出子の範囲を広げている。推定されない嫡出子について，その父子関係が争われる場合は，人や時の制限のない親子関係不存在確認の訴えにより，いつ誰からでも制限なく父子関係を否定することができる。

3）推定の及ばない子

「推定の及ばない子」とは，嫡出推定される期間内に生まれたが，例えば，夫が海外滞在中，失踪又は夫婦が別居状態，長期不在，収監などで妻が懐胎期間中に夫と肉体関係を持たず，懐胎できない状態が明白な子をいう。嫡出推定は強力であるため，事実に相違する結果が生ずることを避けるために，判例・

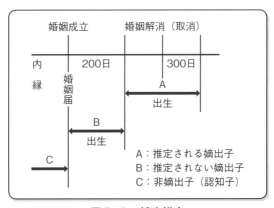

図3-1　嫡出推定

学説ともに妻が夫によって懐胎することが不可能な事実があるときには，嫡出推定が及ばないことを認めている。推定の及ばない子について，父子関係を争うには，親子関係不存在確認の訴えによる。

(2) 非嫡出子

「非嫡出子」は，婚姻関係にない男女間に出生した子をいう。非嫡出子の母との親子関係は，通常，分娩の事実により発生するが，父子関係は，父母の婚姻を前提としないため，嫡出推定によって成立しない。そのため，父との親子関係は，「認知」によってはじめて発生する（779条）。「認知」は，婚姻外でうけた子を自分の子であると認める意思表示をいう。認知があると，親子関係が生じ，親子関係に認められる全部の効果が出生時に遡って発生する（784条）。なお，779条は，父と並んで母も認知することができると規定しているが，母とその非嫡出子の間の親子関係は，分娩の事実により当然発生するものであり，例外的に認知が必要なのは棄児（捨て子）等の場合だけである。

認知には，父が自ら自分の子であることを承認して認知届を提出する「任意認知」（781条）と，父が任意に認知しないときに，子の側から認知の訴えによって親子関係を認めさせる「強制認知」（787条）がある。認知される者の意思を一般には問わないのが原則であるが，成年の子を認知する場合には，認知される子の承諾を得なければならず（782条），胎児を認知する場合は，母の承諾が必要である（783条1項）。

認知の訴えは，父の生存中はいつでも提起できるが，父の死亡後は3年以内に限られる。調停前置主義の適用を受け，まず家庭裁判所に認知調停を申し立てなければならない。父子関係の証明について，判例は，母親の懐胎期間中に父と関係があり，他の男性と関係がなく，血液型に食い違いがないなどの各種の間接事情を総合して認定する方法を採用している。また，近時では，DNA鑑定を採り入れる裁判例もみられるようになり，注目されている。

(3) 準　　正

「準正」とは，父母の婚姻によって，非嫡出子が嫡出子の身分を取得する制度である。認知された子の父母が婚姻する「婚姻準正」（789条1項）と父母の

婚姻後に認知された子が嫡出子となる「認知準正」(同2項)がある。

　婚姻準正の効果は婚姻時から生じる(789条1項)。認知準正の効果は，認知のときから生じると規定されているが(同条2項)，婚姻時から生じるとするのが通説である。

2. 養　　子

　民法は，自然的な親子関係のほかに，人為的に法的な親子関係を創出することを認めている。このような人為的・擬制的親子関係を創設するのが養子縁組の制度である。養子には，「普通養子」と「特別養子」があるが，養子制度が認められる根拠は，歴史的に変遷してきた。家に息子がいない場合に後継者を得ることを目的とする「家のための養子」から，子のない夫婦に子を与えることを目的とする「親のための養子」，そして最近では，親のない子に親を与えることを目的と考える「子のための養子」へと発展し，家庭的に恵まれない「子の福祉」のための養子という側面が強くなっている。

(1) 普 通 養 子
1) 縁組の成立要件

　養親子関係は，「縁組」により成立する。縁組成立の形式的要件は「届出」であり(799条)，実質的要件は「縁組意思の合致」と「縁組障害事由の不存在」である。

① 　縁組意思の合致(802条)：「縁組をする意思」とは，社会通念上，真に親子関係と認められる関係を成立させる意思である。成年被後見人も意思能力がある限り単独で縁組をすることができる(799条・739条)。ただし，例外として，15歳未満の者は常に縁組能力を欠くものとして，法定代理人を介してのみ縁組できる(797条1項)。未成年者を養子にする場合には，家庭裁判所の許可が必要である(798条)。なお，この縁組意思の合致は，縁組届出時に存在しなければならない(通説)。

② 　養親適格(792条)：養子となる者については年齢の制約はないが，養親となる者は成年者でなければならない。成年者であれば，既婚・未婚は問わない。婚姻により成年擬制を受けた者も養親となることができる(昭和23年10

月23日民甲1994号民事局長回答)。
③ **養子となる者が養親より年長又は尊属でないこと**(793条):養子制度は,実親子関係を擬制するものであるから,尊属又は年長者を養子とする,いわゆる目上養子は認められていない。他方で,年長者でない限り,成年養子も可能である。また,自分の弟妹,孫などの直系卑属,非嫡出子等も養子とすることができる。
④ **後見人が被後見人を養子とする場合**(794条):後見人が被後見人を養子とする場合は,家庭裁判所の許可を得なければならない。
⑤ **配偶者のある者の縁組**(795条・796条):配偶者のある者が未成年者を養子とする場合には,夫婦が共に養親となり,養子縁組をしなければならない(夫婦共同縁組)。また,配偶者のある者が縁組をするには,その配偶者の同意を得なければならない。ただし,(i)配偶者の嫡出子を養子とする場合(連れ子養子),(ii)配偶者がその意思を表示できない場合,には単独で縁組をすることができる。

2)縁組の効果
① **嫡出子たる身分の取得**(809条):養子は,縁組の日から養親との間に嫡出親子関係が発生し,養親の嫡出子の身分を取得する。親権,扶養,相続権なども嫡出実親子関係と同一である。
② **法定血族関係の発生**(727条):縁組により,養子と養親の血族との間に親族関係(法定血族関係)が発生するが,実親及びその親族との関係も終了せずに維持される。

3)縁組の解消
「縁組の解消」のことを「離縁」といい,いったん完全・有効に成立した養子縁組が終了することをいう。離縁の解消については,養親又は養子の死亡による解消のほかに,縁組当事者間合意による「協議離縁」(811条)と法定の離縁原因に基づいて離縁の訴えを提起する「裁判離縁」(814条)がある。離縁原因は,①悪意の遺棄,②3年以上の生死不明,③その他縁組を継続し難い重大な事由があるとき,があげられる。

離縁によって,養親子間の法定嫡出関係と法定血族関係が消滅する(729条)。また,養子は縁組前の氏に復する(離縁復氏・816条1項)。

(2) 特別養子

1) 定　義

「特別養子」とは，要保護児童の積極的福祉を図る目的のもと，幼少時の養子につき，実方との親族関係を断絶し，実体的な法律関係のみならず，戸籍上も養親の実子として取り扱う制度である。養親となる者の請求により家庭裁判所の審判によって成立する（817条の2第1項）。

2) 成立要件

① 夫婦共同縁組の原則（817条の3）：養親となる者は，配偶者のある者でなければならず，原則として夫婦が共に養親となることを要する。

② 養親となる者の年齢（817条の4）：25歳に達しない者は養親となることができない。ただし，養親となる夫婦の一方が25歳以上であれば，他の一方は20歳に達していればよい。

③ 養子となる者の年齢（817条の5）：原則として，家庭裁判所への請求のときに6歳未満でなければならない。ただし，例外として，その者が8歳未満であって，6歳に達する前から引き続き養親となる者に監護されていた場合には，養子となり得る。

④ 父母の同意（817条の6）：縁組の成立には，養子となる者の父母の同意が必要である。ただし，例外として，父母がその意思を表示することができない場合又は父母による虐待，悪意の遺棄その他養子となる者の利益を著しく害する事由がある場合には，同意を要しない。

⑤ 縁組の必要性（817条の7）：父母による監護が著しく困難又は不適当であることその他特別の事情がある場合において，子の利益のため特に必要があると認めるときに，特別養子縁組を成立させることができる。

⑥ 試験養育期間（817条の8）：養親の適格性や養親子間の適合性の判断を行う趣旨により，縁組の成立には，養親となる者が養子となる者を6か月以上の期間監護した状況を考慮しなければならない。

3) 特別養子縁組の効果

養親の嫡出子としての身分を取得し（809条），養子と養親及びその血族との間に親族関係が発生する（727条）。同時に，実親及びその血族との親族関係が終了する（817条の9）。また，養子は，養親の氏を称し，養親の親権に服する。

4）特別養子縁組の離縁

原則として，特別養子縁組の離縁は認められない（817条の10第2項）。例外的に，①養親による虐待，悪意の遺棄その他養子の利益を著しく害する事由があり，かつ，②実父母が相当の監護をすることができる場合で，養子の利益のために特に必要があると認めるときに限り，家庭裁判所の審判によって離縁が認められている（同1項）。この離縁を申し立てることができるのは，養子，実父母，検察官であって，養親は請求することができない。

3．親　　　権

（1）親権の内容

「親権」とは，未成年の子の健全な発達を保護するために，監護教育し，子の財産を管理するための親の権能をいう。

1）身上監護権

① 身上監護権（820条）：子の利益のために子を監護及び教育する権利を有し，義務を負う。
② 居所指定権（821条）：子は親権者が指定した場所にその居所を定めなければならない。
③ 懲戒権（822条）：親権者は，監護教育のために必要な範囲で子を懲戒する。いわゆる「叱る権利」であり，子のしつけや非行の矯正をしなければならない親の義務である。
④ 職業許可権（823条）：子は，親権者の許可がなければ職業を営むことができない。これは，自ら営業する場合のみならず，雇用されて働く場合も該当する。

2）財産管理権（824条）

親権者は，子の財産を管理し，その財産上の行為について子を代表する。「管理」とは，財産の保存，利用，処分行為を含む。ただし，親権者自身が子の財産を取得することは許されない。

(2) 親権の制限
1) 親権喪失
　親権者が親権を濫用したり，著しく不行跡のときは，家庭裁判所は，子，その親族，未成年後見人，未成年後見監督人又は検察官のほか，児童相談所長（児童福祉法33条の6）の請求によって親権喪失の審判をすることができる（834条）。これによって親権の全部の行使を制限することになる。

2) 親権停止
　親権の行使が困難又は不適当であることにより，子の利益を害する場合，親権停止の審判を請求することができる。請求権者は親権喪失の審判の場合と同じである。停止期間の上限は2年であり，期間の更新はできないが，再度，親権停止の審判を請求することが可能である。また，家庭裁判所は，申立てに基づいて審判前の保全処分を命じることができる。

第4章 扶養と公的扶助，保険

1．扶養と公的扶助

　自己の財産や労働では生活を維持することができない者は，誰かがその生活を支援しなければならない。この他者による生活支援には，親族による私的扶養と，それがかなわない場合に，社会保障（国民の生存権確保を目的とする社会＝国家による保障）の一つとして行われる公的扶助とがある。

（1）私的扶養（親族扶養）

　夫婦，親子・祖父母と孫などの直系血族，兄弟姉妹には，相互に扶養する義務がある。また，家庭裁判所は，特別な事情がある場合（例えば，そのほかに扶養に堪える者がいない場合など）に，三親等内の親族間（おじ・おばとおい・めいとの間や，配偶者の父母と配偶者の間など）に扶養の義務を負わせることができる。例えば，幼くして両親を亡くし，おばに引き取られて成長したおいに，年老いたおばの面倒をみさせる場合などである[1]。こうした親族間の扶養は，法文上，明確な区別があるわけではないが，①生活保持義務と②生活扶助義務とに分けることができる。

[1] 夫婦について，民法752条（同居，協力及び扶助の義務）は「夫婦は同居し，互いに協力し扶助しなければならない」と，また民法760条（婚姻費用の分担）は「夫婦は，その資産，収入その他一切の事情を考慮して，婚姻から生ずる費用を分担する」と規定する。直系血族以下について，民法877（扶養義務者）は「1　直系血族及び兄弟姉妹は，互いに扶養をする義務がある。2　家庭裁判所は，特別の事情があるときは，前項に規定する場合のほか，三親等内の親族間においても扶養の義務を負わせることができる」と規定する。

1）生活保持義務

　扶養することがその身分関係の本質的な要素をなし，相手方の生活を扶養することが，つまりは自らの生活をも保持することになる夫婦相互間や親と未成

熟子（独立して生活していない子）との間では，自己の生活と同程度に相手方の生活を保持する義務がある。これを「生活保持義務」と呼ぶ。「一椀の粥を分け，一片の肉をも分け合う」ような扶養である。

2）生活扶助義務

例えば兄弟姉妹間のように，生活保持関係にある者を除く三親等内の親族間では，自己の生活を保持した上で，もし余力があれば，相手方が生活を営むことができるよう扶養する義務を負う。これを「生活扶助義務」と呼ぶ。「己の腹を満たした後，余れる物を差し出す」ような扶養である。扶養の順序（扶養する側の扶養義務者や，扶養される側の扶養権利者が数人ある場合）や程度・方法について当事者間に協議が調わない場合，または協議をすることができない場合（例えば，扶養権利者が幼少であるなど）は，扶養権利者の需要（必要とするところ）と扶養義務者の資力など，その他一切の事情を考慮して家庭裁判所がこれを定める[2]。なお，扶養方法については，大別して，扶養権利者を引き取って扶養する場合と生活費又は生活物資を支給する場合とがあるが，扶養権利者の年齢や扶養義務者の家族構成などの生活現状により，そのどちらを選択するかは自ずから異なってくる。そのどちらを選択するかについても，やはり協議・裁判所の定めに従う。

[2] 民法878条以下。なお，扶養の順序などについて，協議または審判の後に，事情に変更が生じた場合には，家庭裁判所は協議又は審判を変更し，又は取消すことができる。また，扶養を受ける権利は一身専属であり，処分することはできない。

（2）公的扶助（生活保護）

公的扶助の代表とされる生活保護は，生活保護法に基づき，国が生活に困窮するすべての国民に対し，困窮の程度に応じて必要な保護を行い，健康で文化的な最低限度の生活を保障し，あわせて，その自立を助長する制度である[3]。保護を決定・実施する機関は，都道府県知事・市長・福祉事務所を管理する町村長であり（生活保護法19条），その申請窓口には都道府県・市町村の福祉事務所があたる。原則として，私的な扶養がかなわないために，保護が必要な状態にある要保護者自身，あるいはその扶養義務者や同居の親族の申請により保護が開始される[4]。扶助の種類は8種ある。現物（サービス）給付と金銭給付

とが適宜組み合わせられ，医療扶助と介護扶助とについては，医療・介護それぞれのサービスが支給され，それ以外の扶助については金銭が支給される。

[3）] 生活保護の扶助は，あくまで私的扶養を補足するものである。社会的弱者に対する福祉手当とは異なり，生活に困窮するすべての国民に対して「無差別平等」（生活保護法2条）に実施され，困窮するに至った理由如何は問わない。壮健な若者でも，生活に困窮する者なら，生活保護の対象である。

[4）] 生活保護法7条。要保護者が急迫した状況にある場合には申請不要である。

① **生活扶助**：食費・被服費・光熱費・交通費など，日常生活に必要な費用が支給される。
② **教育扶助**：義務教育を受ける児童生徒につき，学用品費・給食費・通学交通費などが支給される。義務教育就学前の幼稚園，同終了後の高等教育にかかる費用は対象外である。
③ **住宅扶助**：家賃・間代・地代や生活を維持するための最低限度の家屋補修費などが支給される。
④ **医療扶助**：疾病や負傷に対して必要な医療サービスや通院交通費などが支給される。医療扶助を受ける場合には，福祉事務所に申請して医療券の交付を受け，その医療券をもって指定医療機関で受診する。
⑤ **介護扶助**：介護保険法上，要介護・要支援状態にあると認定された者につき，居宅・施設介護など介護保険と同一のサービスが支給される。介護保険加入者については，その適用が優先されるため，介護保険の自己負担分（1割）が介護扶助として支給される。
⑥ **出産扶助**：分娩に必要な分娩介助費・沐浴費・処置費などが支給される。出産については，児童福祉法の入院助産制度（22条）が優先適用されるため，その適用がない場合にのみ出産扶助費が支給される。
⑦ **生業扶助**：事業を経営するために必要な費用，技能を習得するために必要な費用，就職支度費などが支給される。また，ここには高等学校等就学費が含まれる。
⑧ **葬祭扶助**：火葬・納骨など葬祭のために必要な経費が支給される。

この8種の扶助のうち要保護者とその家族に必要な種類の扶助が選択的に給付される（生活保護法9・10条。扶助の給付は，必要即応・世帯単位を原則とす

る)。例えば，借家住まいで，学齢の児童と要介護高齢者のいる世帯には，生活扶助，教育扶助，住宅扶助，介護扶助が給付されるということである。

2．社会保険

疾病・負傷・老齢・失業など国民に共通する生活上の危険に対して，保険的方法（保険料を徴収し，その保険料を原資として，医療・介護のサービスや金銭給付を行う）を用いて危険の分散をする，社会保障制度の一つが社会保険であり，わが国の社会保険には，(1)医療保険，(2)介護保険，(3)年金保険，(4)雇用保険，(5)労働者災害補償保険がある。わが国の社会保険の特徴として，国が管理し，国民が強制的に加入する国民皆保険制度（所得に応じた保険料が徴収される）であることがあげられる。以下に概要を示す。

(1) 医療保険

医療保険には，①被用者が職場で加入する職域保険である被用者保険，②自営業者などが住所地で加入する地域保険である国民健康保険，③比較的新しい医療保険である後期高齢者医療制度がある（2008年4月開始）。

1) 被用者保険

被用者保険の代表として，健康保険法に基づき運営される健康保険がある。健康保険は企業に勤める一般被用者を対象とする医療保険であり，保険を運営する保険者は，①全国健康保険協会（通称「協会けんぽ」と呼ばれ，独自に組合を設立することが困難な中小企業の被用者を被保険者とする。協会管掌健康保険）と②健康保険組合（大企業単独あるいは複数の企業で組合を設立し，その被用者を被保険者とする。組合管掌健康保険）である。

健康保険のほかには，船員保険法に基づく船員保険，国家公務員共済組合法・地方公務員等共済組合法・私立学校教職員共済組合法に基づく共済組合の医療保険がある。

2) 国民健康保険

国民健康保険法に基づき運営される国民健康保険は，農林漁業・商工業などの自営業者や，被用者保険の適用を受けない被用者などを対象とする医療保険であり，保険者は，①都道府県と市町村及び特別区（その住民を被保険者とす

る。窓口業務は市町村が担う）と，②国民健康保険組合（医師・弁護士・理容美容業など，同種の事業または業務に従事する300人以上の集団で設立され，その従事者を被保険者とする）である。

3）後期高齢者医療制度

高齢者の医療の確保に関する法律（高齢者医療確保法）に基づき運営される後期高齢者医療制度は，75歳以上の後期高齢者，及び65歳以上75歳未満の者で一定の障害状態にあると保険者が認定した者を対象とする医療保険である。保険者は，都道府県を単位とする後期高齢者医療広域連合であり，その窓口業務は市町村が担う。

4）療養の給付

これら三者いずれも「療養の給付」（健康保険法63条，国民健康保険法36条，高齢者医療確保法64条）を主たる保険給付とする[5]。この給付を受けた場合，かかった費用の3割を自己負担とする（義務教育就学前の者と70歳以上75歳未満の者は2割，75歳以上の者は1割を自己負担とする。ただし，後二者にあって現役並み所得者＝月収28万円以上は3割を自己負担とする）（2018年度現在）。「一部負担」「窓口負担」とも呼ばれる負担金額である。

[5] ①診察，②薬剤又は治療材料の支給，③処置・手術その他の治療，④居宅における療養上の管理及び療養に伴う世話その他の看護，⑤病院又は診療所への入院及び療養に伴う世話その他の看護がその給付内容であり，被保険者及びその被扶養者に給付される。その他，例えば，傷病手当・埋葬料・出産一時金や多額の治療費を要する場合に支給される高額療養費など，多岐にわたる保険給付がある（健康保険法52条）。現物給付たる療養の給付と異なり，これらは金銭給付である。

（2）介護保険

高齢化と核家族化が進む中，日常生活に不具合のある高齢者が家族の介護を受けることが難しくなり，公的介護の要望が増大した。この要望に応え，2000年4月に開始されたのが，介護保険法に基づき市町村により運営される介護保険制度であり，保険給付として介護サービスを受けた場合，かかった費用の1割を被保険者の自己負担とする（2018年度現在）。

介護保険制度は市町村及び特別区を保険者とし，被保険者については，①市町村の区域内に住所を有する65歳以上の者を第1号被保険者とし，②市町村

の区域内に住所を有する40歳以上65歳未満の者を第2号被保険者とする[6]。この「第1号被保険者」「第2号被保険者」という呼称は，それぞれ介護保険法9条1号・2号に規定されていることによる。

[6] 第1号被保険者及び要介護認定の申請を行った第2号被保険者（初老期における認知症や脳血管疾患など，介護保険法施行令2条に掲げられる，加齢に伴い生ずる心身の変化に起因する16種類の特定疾病に罹る者）には介護保険被保険者証が交付される。

　介護保険の給付を受けるためには，まず被保険者が市町村に対して要介護認定を申請しなければならない（介護保険法27条）。申請を受けた市町村は，認定調査員（役所の専門職員又は委託した指定居宅介護支援事業者の専門職員）による訪問調査（被保険者との面接調査）を実施し，その結果から1次判定を下し，被保険者の心身の障害原因となる疾病状況に関する主治医の意見とともに訪問調査の結果などを介護認定審査会（市町村長に任命された，保健・医療・福祉に関する学識経験者からなる）に通知する。この通知を受けた介護認定審査会は，厚生労働大臣が定める基準に従って審査を行い，2次判定を下して市町村に通知する[7]。市町村はこの通知に基づき要介護認定を行い，申請から30日以内に，これを被保険者証に記して被保険者本人に通知する。

　保険給付には，①介護給付（居宅サービス・施設サービスなど）と②予防給付（介護予防サービスなど）とがある。通知された要介護状態（身体上・精神上の障害のために入浴，排泄，食事等の日常生活における基本的動作について継続して常時介護を要すると見込まれる状態）と要支援状態（要介護状態となるおそれがある状態）に応じて，介護給付と予防給付とが実施される。

[7] 判定・通知される結果は，要介護1～5と要支援1・2との7段階に区分される。この7段階に該当しない非該当の者には，介護保険制度ではなく，市町村の地域支援事業で対応する。

(3) 年金保険

　私たちは「年金」という言葉を普通に使用する。この「年金」という言葉，実は「年金保険」の略称であり，被保険者より徴収された年金保険料を原資として，老齢に至るなどの給付事由（保険事故）に被保険者が該当した場合に，

年金(金銭)を給付する制度である。社会保険としての年金保険には,20歳以上の国民が全員加入する国民年金(一律の保険料)と被用者が加入する厚生年金(所得に応じた保険料)とがある[8]。いずれも,政府が保険者となり,市町村と職場が窓口業務を担う政府管掌保険である。

　年金保険の保障には,疾病・負傷により生活が制限される場合に受ける障害年金や,生計を維持する被保険者が死亡した場合に,その遺族が受ける遺族年金もあるが,その主たる保障は一定年齢に達したことにより受ける老齢年金である。老齢年金は,国民年金部分(基礎年金)と厚生年金部分との2階建て構造をとり,国民年金に加入する自営業者などには基礎年金額が,厚生年金に加入する被用者には基礎年金に厚生年金部分を加算した金額が支給される。

[8] 国民年金法,厚生年金法,国家公務員共済組合法,地方公務員等共済組合法,私立学校教職員共済組合法に基づき運営される。

(4) 労働者と保険(労働保険)

　労働者の生活を保障するために,政府が保険者となり管掌する保険として,①雇用保険と②労働者災害補償保険(通常「労災保険」と略称される)とがある[9]。両者を総称して「労働保険」と呼ぶ。

[9] それぞれ雇用保険法と労働者災害補償保険法に基づいて運営される。このうち雇用保険法は,1973年に従来の失業保険法を改めて制定された法律であり,失業者の生活保障に加えて,雇用の創出や失業予防の措置が設けられた。

1) 雇用保険

　労働者を雇用する事業所に強制的に適用され,労働者が失業した場合,その者の生活の安定を図り求職活動を容易ならしめる求職者給付や,早期に再就職できるよう援助する就職促進給付が支給される。また教育訓練を受けた場合につき教育訓練給付が,高年齢化による賃金の減額や育児・介護を理由とする休業など,雇用の継続が難しい事態が生じた場合につき雇用継続給付が,それぞれ失業等給付として支給される(雇用保険法10条)。すべて金銭給付である。

2) 労働者災害補償保険

　業務災害及び通勤災害にあった労働者,又はその遺族に保険給付を行う。労働者を使用する事業を労災適用事業とし,保険料は全額事業主が負担する。保

険給付には，医療サービスの現物給付たる療養補償給付（療養費が支給される場合もある）と，休業補償給付・障害補償給付・遺族補償給付などの金銭給付とがある。

第5章 相　　　続

1. 相続の意義

(1) 財産相続

　人が死亡した場合，その死亡者（被相続人）の財産上の権利義務を，配偶者（夫あるいは妻）・子・直系尊属（父母，祖父母）・兄弟姉妹など特定の親族（相続人）が包括的に承継する。かつては，戸主が一家の家族員を統率する「家」制度のもと，長男子が戸主の地位と家産とを単独に相続する家督相続が行われたが，日本国憲法24条（家族生活における個人の尊厳と両性の本質的平等）と絡んでの民法親族篇と相続篇の改正（1947年12月22日公布）により「家」制度が廃止され，相続も財産相続（位牌や仏壇などの祭具・墳墓の所有権はその対象としない）に限定されることになった。同時に，長男子単独相続制も改められ，配偶者の相続権と諸子の均分がここに確立された。

(2) 相続の開始

　相続は被相続人の死亡によって開始する（民法882条，以下本章条文で特にことわりのないものは，すべて民法を指す）。戸籍簿に記載された死亡年月日時分が相続の開始時期になる[1]。自然死亡ではなく，失踪宣告による擬制的な死亡の場合（不在者の生死が7年間明らかでない場合，船舶の沈没などの危難に遭い，危難が去った後生死が1年間明らかでない場合），不在者については期間の満了時に，遭難者については危難が去ったときに死亡したものとみなされる（30・31条）。したがって，その時が相続開始時期となる。

　被相続人と相続人となる者が同時に死亡した場合，両者間で相続が開始することはない。例えば，親子（被相続人と相続人となる者）が同乗する列車に事故が発生し，死亡時期の前後が判然とし得ない状態で，彼らがともに死亡した場合などがこれにあたる[2]。稀だが，あり得る場合である。

相続は被相続人の住所において開始する（883条）。相続開始地は，相続事件の裁判管轄の基準を定め，また相続財産の価額評価の標準地となる。

[1] 通常は死亡届に付された死亡診断書や事故の検案書に基づいて死亡の記載がなされる（戸籍法86条）。水難・火災で死体が発見されないが死亡した蓋然性が高い場合，その調査にあたった公官署の報告に基づいて戸籍簿に死亡の記載がなされる（戸籍法89条）。認定死亡である。

[2] この列車事故での親子の死亡の場合には，32条の2（同時死亡の推定）の規定が適用され，親子が同時に死亡したものと推定される。

2．相続人

(1) 血族相続人と配偶者相続人

相続人には血族相続人と配偶者相続人とがある（887条以下）。血族相続人には，①被相続人の子，②被相続人の直系尊属（父母あるいは祖父母など），③被相続人の兄弟姉妹という相続順位があり，先の順位の者が相続にあたれば，後の順位の者の相続はない。配偶者相続人（夫あるいは妻）は常に相続にあたる。具体的にいえば，例えば，①妻子ある男性が死亡した場合，妻と子（胎児を含む）とが相続にあたる。②子がなく父母が存命する男性が死亡した場合，妻とその男性の父母（妻にすれば舅姑）とが相続にあたる。③子がなく父母も存命しない男性が死亡した場合，妻とその男性の兄弟姉妹（妻にすれば義兄弟姉妹）とが相続にあたる，ということになる。

(2) 代襲相続

代襲相続とは，被相続人の子・兄弟姉妹が相続の開始以前に死亡した場合や，欠格や廃除のために相続権を失った場合などに，その者の子がその者に代わって相続人となることをいう（887条2項・889条2項）。この場合，代襲者は被相続人の直系卑属でなければならず，被相続人の子が養子で，被相続人との養子縁組以前にもうけた子がいる場合，その養子縁組以前の子は代襲者にならない。なお，被相続人の子の代襲者が相続の開始以前に死亡した場合や，欠格や廃除のために相続権を失った場合などについては，代襲者の子が再代襲することが認められる（887条3項）。被相続人の兄弟姉妹の代襲者についての再代襲はない。

(3) 相続欠格と相続人廃除

相続人となる者が相続権を失う場合として，相続欠格制度（891条）と相続人廃除制度（892条以下）とがある。相続欠格は，被相続人を殺害して刑に処されたり，遺言につき不正をはたらくなどの非行・不正がある場合に，相続権を当然に剥奪するものである。相続人廃除は，遺留分ある推定相続人（被相続人の配偶者・子・直系尊属を指す）に，被相続人を虐待するなどの著しい非行がある場合につき，被相続人の請求又は遺言により，家庭裁判所の審判で相続権を剥奪するものである。

3. 相 続 分

(1) 指定相続分と法定相続分

相続人が数人いる共同相続の場合に，各相続人の相続財産に対する持分の割合が相続分である。相続分には，①指定相続分と②法定相続分とがある。

1）指定相続分

被相続人の意思による相続分である（902条）。被相続人は遺言又は第三者に委託して各相続人の相続分を指定することができる。指定内容については被相続人・指定受託者の自由であるが，遺留分に関する規定に違反することはできない。各相続人のうち相続分を指定されない相続人の相続分は法定相続分に従う。

2）法定相続分

被相続人の意思による相続分の指定がない場合，各相続人の相続分は，①配偶者と子が相続人の場合：配偶者と子の相続分は各2分の1とする。②配偶者と直系尊属が相続人の場合：配偶者の相続分は3分の2，直系尊属の相続分は3分の1とする。③配偶者と兄弟姉妹が相続人の場合：配偶者の相続分は4分の3，兄弟姉妹の相続分は4分の1とする。④子・直系尊属・兄弟姉妹が数人いる場合：各人の相続分は相等しいものとする[3]。なお，配偶者がいない場合，子・直系尊属・兄弟姉妹が相続順位に従い相続財産すべてを均分する[4]。また，子・直系尊属・兄弟姉妹がいない場合に，はじめて，配偶者が相続財産すべてを相続することになる。

[3] 900条。具体例を示す。相続財産6,000万円を配偶者と3人の子とが相続する場

合，配偶者の相続分は3,000万円となり，子の相続分はそれぞれ1,000万円ということになる。

4) 兄弟姉妹での相続において，兄弟姉妹のうち父母の一方のみを同じくする者の相続分は，父母双方を同じくする者の相続分の2分の1とする。

（2）特別受益者

　共同相続人のうちに，被相続人から遺贈（遺言による贈与）により，又婚姻・養子縁組若しくは生計の資本（例えば，結納金・持参金・独立資金・高等教育費など）として生前贈与により特別な利益を受けた者（特別受益者）がいる場合，被相続人が相続開始時に有した財産の価額に彼らが受けた価額（相続開始時の評価額）を加えたものを相続財産とみなし，特別受益者は，法定相続分から特別に受けた利益分を差し引いたものをその相続分とする[5]。なお，特別受益分が法定相続分と等しいか超過するときは，特別受益者は法定相続分を受け取ることができない（ただし，超過分を返還することもない）。また，被相続人が特別受益者の相続分につき，ここに述べたことと異なる意思を示した場合，その意思表示は遺留分に関する規定に違反しない範囲内で効力を有する。

5) 903条。具体例を示す。相続財産5,000万円（相続開始時）を子A・B・Cの3人が相続する場合，このうちの1人Aが被相続人から，独立資金として1,000万円の生前贈与を受けていたとすれば，相続財産5,000万円に生前贈与1,000万円を加えた6,000万円がみなし相続財産となり，B・Cの相続分はそれぞれ2,000万円，Aの相続分は1,000万円ということになる。

（3）寄　与　分

　共同相続人のうちに，被相続人の事業経営に尽力する，被相続人の経営する事業に資金を援助する，長年被相続人の療養看護にあたるなどの方法により，被相続人の財産の維持または増加について特別の寄与をした者がある場合，被相続人が相続開始時に有した財産の価額から相続人の協議で定めたその者の寄与分を差し引いたものを相続財産とみなし，寄与者は，法定相続分に寄与分を加えたものをその相続分とする[6]。なお，寄与分につき相続人間の協議が調わない場合，又は協議をすることができない場合には，寄与者の請求により，寄与の時期・方法・程度・相続財産の額，その他一切の事情を考慮して家庭裁判

所が寄与分を定める。また，寄与分は被相続人が相続開始時に有した財産の価額から遺贈の価額を差し引いた残額を超えることができない。

[6)] 904条の2。具体例を示す。相続財産3,500万円を子A・Bが相続する場合，このうち長期の療養看護にあたったBに500万円の寄与分を与えるという協議が調えば，3,500万円から寄与分500万円を差し引いた3,000万円がみなし相続財産となり，Aの相続分は1,500万円，Bの相続分は2,000万円ということになる。

4. 遺産分割

(1) 遺産分割の基準

相続開始時，共同相続の相続財産は共同相続人の共有に属する（898条）。これを各相続人に分属させる過程が遺産分割である[7]。遺産分割にあたっては，遺産に属する物又は権利の種類及び性質，各相続人の年齢・職業・心身の状態及び生活の状況，その他一切の事情が考慮されねばならない（906条）。各相続人の相続分に計数的に従うのではなく，相続財産全体としての価値をなるだけ減少させない分割が望まれる。

[7)] 相続開始から遺産分割までには，かなりの時間を経過している場合が多い。相続開始時，遺産分割時のいずれを遺産評価の時期にするかにつき，価額の変動を考慮すれば，遺産分割時を評価の基準にする方が妥当であろう。

(2) 遺産分割の方法と時期

被相続人は，遺言又は第三者に委託して，遺産の分割方法を定めることができ，又は相続開始のときから5年を超えない期間を定めて，遺産の分割を禁ずることができる（908条）。この被相続人による禁止がない場合，共同相続人は，いつでも，協議により遺産の分割を行うことができ，もし相続人間に協議が調わない場合，または協議をすることができない場合，各相続人は，その分割を家庭裁判所に請求することができる（907条）。なお，特別の事由がある場合（例えば，共同相続人全員が幼少であるなど），家庭裁判所は，期間を定めて，遺産の全部又は一部の分割を禁ずることができる。

5．相続の承認と放棄

(1) 単純承認

相続財産には不動産や現金などプラスの財産と借金などマイナスの財産とがある。単純承認は，被相続人の財産上の権利義務を無限に承継する。つまり，プラス・マイナス両方の財産をすべて相続することを承認するものである（920条）。承認のための手続きをことさらとる必要はない[8]。相続により財産的不利益を被ることがない場合，この単純承認が選択される。

[8] 相続人が相続財産の全部又は一部を処分した場合，相続の開始があったことを知ったときから3か月以内に限定承認・相続放棄をしなかった場合など，単純承認をしたものとみなされる（921条）。法定単純承認である。

(2) 限定承認

限定承認は，相続により得た財産の限度内で被相続人の債務及び遺贈を履行するという留保付きで，相続を承認するものであり，共同相続の場合，相続人全員が共同してのみこれをすることができる（922・923条）。限定承認は，相続の開始があったことを知ったときから3か月以内に，相続財産の目録を作成し，家庭裁判所に申述しなければならない（924条）。相続により財産的不利益を被るか，どうかが明らかでない場合，この限定承認が選択される。

(3) 相続放棄

相続放棄は，被相続人の財産上の権利義務を承継することをすべて拒否する。相続の放棄をした者は，はじめから相続人とならなかったものとみなされる（939条）。相続放棄は，相続の開始があったことを知ったときから3か月以内に，その旨を家庭裁判所に申述しなければならない（938条）。相続により財産的不利益を被る場合，この相続放棄が選択される。

6．遺言と遺留分

(1) 遺言

遺言は相続財産の処分についての被相続人の最終的な意思であり，一定の方

式により作成されねばならない。遺言作成の方式には，①遺言者がその全文・日付・氏名を自署して作成する自筆証書遺言。②2人以上の証人の立会いのもと，公証人（公正証書を作成したり私的な書類に認証を与える）により作成される公正証書遺言。③公証人・2人以上の証人とともに封印する秘密証書遺言がある[9]。遺言の執行には，家庭裁判所による検認（1004条）を受けた後に，遺言により指定された遺言執行者（1006条），または家庭裁判所により選任された遺言執行者（1010条）があたる。

[9] 968条以下。また976条以下には，疾病や船舶遭難により死が切迫した情況下にある者により作成される遺言や，伝染病隔離者・在船者という隔離された空間にある者により作成される特別な遺言が示される。なお，遺言者は，いつでも，遺言の方式に従い，遺言の全部又は一部を撤回することができ（1022条），前の遺言と後の遺言とが抵触するときは，その抵触する部分については，後の遺言で前の遺言を撤回したものとみなされる（1023条）。新しい日付の遺言が有効ということである。

(2) 遺 留 分

遺留分とは，相続人のために確保されるべき相続財産の割合であり，被相続人の遺言の自由と法定相続人の相続権の保護とを調整するために設けられる。遺留分権利者は，配偶者と子（その代襲者を含む），直系尊属に限られ，兄弟姉妹に遺留分はない。遺留分の割合は，相続人如何により定まり，①直系尊属のみが相続人である場合は相続財産の3分の1，②その他の場合は相続財産の2分の1である（1028条）。遺留分算定の基礎は，相続開始時の財産価額に相続開始前1年以内にした贈与価額を加えた価額から債務全額を差し引いた価額である[10]。この価額を超える遺言は遺留分制度による制限を受ける。

[10] 1029条。具体例を示す。相続開始時の財産価額が5,000万円，相続開始前1年以内にした贈与額が2,000万円，借金が1,000万円とすれば，6,000万円が遺留分算定の基礎となり，直系尊属のみが相続人である場合には2,000万円が，その他の場合には3,000万円が，遺留分の額として相続人に確保される。なお，遺留分権利者は，相続財産がこの遺留分の額に足りない場合は，遺留分を保全するのに必要な限度で，遺贈・すでに行われた贈与の減殺（減らしたり少なくすること）を請求することができる（1031条）。遺留分減殺請求権である。

第6章 物権と債権

1. 権利とは何か

　権利とは，法により保護された利益である。ある者がある物から一定の利益を享受すること，あるいは，ある者に対し一定の作為・不作為を求めることを法によって保護されている場合，そのような利益を権利という。

　例えば，Aが甲土地を所有している場合，Aは甲土地に家を建てて自分の住居にしたり，他人に貸して賃料を得たり，甲土地を自由に利用して利益を得ることができる。これに対して，Bがこのような利益を妨害する場合（BがAに無断で甲土地にBが住む建物を建てた場合など），Aは，最終的には国家権力である裁判所に訴えて，その妨害を排除することができる。それは，甲土地から得られるAの利益が法により保護された利益＝権利であるからである。あるいは，Aが甲土地をCに売却する場合，AはCに甲土地を引き渡すことと引き換えに，Cから売買代金を得ることができる。すなわち，AはCに対し売買代金の支払いを求めることができる。これに対して，Cが売買代金の支払いを拒む場合，最終的には国家権力である裁判所に訴えて，その支払いをさせることができる。それは，AがBに売買代金の支払いを求めることが法によって保護された利益＝権利であるからである。

2. 私権の分類

(1) 私権と公権

　一般に，私法と公法が区別されることに対応して，権利は私法上の権利である私権と公法上の権利である公権とに分けられる。私権とは，個人と個人との関係において，ある者が有している権利をいい，公権とは，国家と個人との関係において，ある者が有している権利をいう。民法3条1項は，「私権の享有は，出生に始まる」と規定しており，人は生まれると同時に私権を取得する資

格を有する。

(2) 私権の種類

私権は，権利の内容により財産権とそれ以外の権利とに分類される。

財産権とは，財産を持ったり譲渡したりすることに伴う利益を内容とする権利であり，民法は財産権を，物権（民法第2編）と債権（民法第3編）に二分する。物権とは，物を直接に支配する権利であり，債権とはある者がある者に対して一定の行為を請求することのできる権利であるとされている。

なお，現代において，財産権は民法が規定する物権と債権に限られるのではなく，著作権，特許権，商標権といった知的財産権も財産権の一つとして重視されており，これらの権利は著作権法，特許法，商標法によって規定されている。

また，財産権以外の権利として，民法は身分権を規定する（民法第4編）。身分権とは，夫婦，親子，親族など身分的地位に伴う利益を内容とする権利である。

さらに，財産権以外の権利として，民法には明確に規定されていないが，人格権をあげることができる。人格権とは，生命，身体，自由，名誉，プライバシーなどの人格的利益を内容とする権利である。

3．物権と債権の違い

法秩序というものは，「Aは，○○という権利を持っている。よって，Aは，△△できる（その裏返しとしてBは××しなければならない）」というように権利（その裏返しとしての義務）によって構成されている。そして，上で述べたように，私法上の権利はその内容により，財産権（物権，債権，知的財産権）とそれ以外の権利（身分権，人格権）に分類することができる。私たちの日常生活において身近である財産に関する法秩序は，主として物権と債権により構成されている。そこで，以下において，物権と債権の権利の内容やその違いについて説明する。

（1）権利の内容

　物権とは，物を直接に支配する権利であるとされている。所有権は典型的な物権であるが，例えば，Aがパソコンを所有している場合，所有権者であるAは他人の介在なしに自分の思い通りにパソコンを支配できる。Aは，パソコンを使用したり，廃棄したり，売却したりと自由に扱うことができる。

　これに対して，債権とは，ある者がある者に対して一定の行為を請求することのできる権利であるとされている。例えば，Aが友人のBからパソコンを購入した場合，代金と引き換えに，AはBに対してパソコンを引き渡すように請求することができる。このように，買主が売主に対して商品の引渡しを請求することができる権利が債権（目的物引渡債権）である。

（2）絶対性と相対性

　物権と債権との間における最も根本的な違いは，物権は絶対的な権利であるのに対して，債権は相対的な権利にすぎないということである。

　絶対的とは，「その権利を誰に対しても主張できる」という意味である。例えば，Aがパソコンを所有している場合，所有権者であるAは，誰に対してもそのパソコンが自分のものであると主張できる。

　これに対して，相対的にすぎないとは，「その権利を特定の人に対してしか主張できない」という意味である。例えば，Aが友人Bからパソコンを購入した場合，Aは売主であるBに対してしかパソコンの引渡しを請求することができない。パソコンの売買に関しての約束をかわしたのはAとBであるから，B以外の他の人は無関係である。

（3）排他性

　次に，物権と債権の違いは，物権は排他的な権利であるのに対して，債権は排他的な権利ではないということである。権利が排他的であるとは，同時に両立できない権利を排除するということである。

　物権が排他的な権利であるとういうことは，1つの物には1つの種類の物権しか成立しないことを意味する。これを一物一権主義という。例えば，Aがパソコンを所有している場合，所有権とは所有物を100パーセント自由に支配す

る権利であるから，A以外のものにそのパソコンの所有権を認めることはできない。

これに対して，債権は排他的な権利ではないから，同時に両立できない権利を排除しない。債権はその内容が同一で，そのうち1つしか実現できないとしても，複数成立し得るとされる。例えば，大学生Cが，大学の授業後の同じ日時に飲食店店員と塾講師という2つのバイトを入れてしまった場合，店と塾はそれぞれ，Cに対して同じ日時にアルバイトをするように請求する権利を取得する。Cは同じ日時にアルバイトをすることはできないから，この2つの債権のうち1つしか実現できない。しかしながら，排他的な権利ではないということは，1つしか実現できないとしても，両方の債権（店と塾がCに対してアルバイトをするように請求する権利）が有効に成立することを意味する。そして，1つの債権しか実現されず，もう1つの債権が実現されなかったことについては，損害賠償の問題となる（本書第7章，第8章参照）。Cが塾講師のアルバイトをした場合，店ではアルバイトできず，約束を破られた店は，Cに対して損害賠償を請求することができる。

(4) 物権法定主義

以上をまとめると，物権は，物を直接に支配する権利であり，絶対性，排他性が認められる。そして，物権の種類と内容については，法律で定めたもの以外は認められないとの原則（物権法定主義）がある（民法175条）。物権は，絶対性，排他性など強い効力を持つ。当事者が自由に物権をつくり出すことができることになると，当事者以外の者は安心して物の取引をすることができなくなるため，物権の種類と内容を法律により画一的に規定しようとする。これが，物権法定主義である。民法は第2編（物権）において，物権として所有権（206条），地上権（265条），永小作権（270条），地役権（280条），入会権（263条，294条），留置権（295条），先取特権（303条），質権（342条），抵当権（369条），占有権（180条）を規定する。

これに対して，債権は，ある者とある者との間での相対的なものであるので，その内容は当事者が自由に定めることができると考えられている。

4．私権の行使──その自由と限界

（1）私法の基本原則

　これまで述べてきた私権という考え方は，ヨーロッパにおける近代国家の成立に伴い発展してきたものであり，個人主義・自由主義の法思想を反映している。そうした中で，私権の行使は自由を原則とするとされてきた。私法の基本原理として，所有権絶対の原則，私的自治の原則，過失責任主義の原則が採用されていることもその現れである。

1）所有権絶対の原則

　所有権絶対の原則とは，所有権は物を全面的に支配する権利で，国家の法にも優先する絶対不可侵のもので，侵害するあらゆる他人に対して主張することができる完全な支配権であるという原則である。所有権者は，他人はもちろん国家からの侵害も受けずに，所有物を自由に使用・収益・処分できるということを意味する。日本国憲法は財産権の不可侵を謳い（29条1項），民法206条はこの原則を規定する。

2）私的自治の原則

　私的自治の原則とは，個人の私法関係をその自由意思によって自由に規律させるという原則である。その代表的なものである契約自由の原則は，契約当事者は，契約をするかしないか，誰と契約するか，どのような内容で契約するか，どのような形式で契約するかについて，自由に決められることを意味する。民法521条はこの原則を規定する。

3）過失責任主義の原則

　過失責任主義とは，損害の発生について損害賠償責任を負うのは，故意・過失がある場合だけであるという原則である。人は自由に行動することができ，故意・過失により他人の権利を侵害した場合のみ損害賠償責任を負うにすぎないことを意味する。民法709条はこの原則を規定する。

（2）私権行使の限界

　このように私権の行使は自由を原則とするとされているが，今日では自由の原則を貫くことは必ずしも妥当な結果を生じさせないため，私権の行使には一

定の制約がなされている。

　所有権の絶対の原則について，それを無制限に認めた場合，土地などの公共目的での使用を妨げることも起こり得る。そこで日本国憲法は，財産権について公共の福祉による制約を定め（29条2項），一定の条件の下，公共のために用いられることを認めている（29条3項）。それを受けて，民法1条1項は「私権は，公共の福祉に適合しなければならない」と規定する。実際に，治水ダム建設，道路建設などにおいて，土地収用（公共目的のため強制的に国によって個人の所有権が奪われること）が行われている。

　また，私的自治の原則（特に契約自由の原則）についても，それを無制限に認めた場合，経済的・社会的弱者が不利益を被ることになりかねない。そのため制約がもうけられている。例えば，労働者と使用者にはその力関係（労使関係）において著しい落差・不平等が生じているところ，両者の間で対等な労働契約を結ぶことは難しい。そこで，労働基準法などのいわゆる労働法が，労働者保護のために解雇，賃金，労働時間などについて規制している（本書第11章）。また，消費者と事業者との関係においても，その情報の質及び量並びに交渉力の格差にかんがみ，両者の間で対等な契約を結ぶことは難しい。そこで，消費者契約法などのいわゆる消費者法が，その格差を埋めるべく契約の内容，方法等を規制している（本書第10章）。民法1条2項は「権利の行使及び義務の履行は，信義に従い誠実に行わなければならない」（これを信義則という）と規定しており，契約において，矛盾する言動を行うことや，相手方の信頼を裏切るようなことは許されず，信義則を根拠にして，契約交渉時における相手方に対する説明義務が認められている。

　さらに，過失責任主義の原則についても修正が加えられている。今日では，大気汚染，海洋汚染といった環境破壊の問題などが深刻になり，さらには，人々の生活の中で自動車や飛行機などが身近になった分，私たちは危険と隣りあわせの日々を送っている。このような中で，過失責任主義の原則を貫けば，被害者は加害者の過失を証明しない限り救済されず，損害賠償を受けることはできない。そこで，損害の発生について故意・過失がなくとも損害賠償の責任を負わせるという無過失責任が認められるようになっている。無過失責任を認める背景には，企業は危険をおかしながら多大な利益を得ていること，自動車

を運転する者はそもそも危険を伴うことを承知してその利益を得ていることなどを根拠に，利益を得るものが損害を負担すべきであるとの考えがある。そこで，民法717条に規定する工作物責任のほか，大気汚染防止法や製造物責任法などの特別法により，無過失責任が認められている（本書第9章）。

第7章 契約—成立と解除，借地権—

1．契約とは

　日常生活において，スーパーマーケットで食料品を購入したり，地主から土地を借りたりなど，私たちはさまざまな経済活動を行っている。これら経済活動のほとんどは，相対する当事者間における一定の合意によって成り立っている。

　例えば，地主（土地所有者）から土地を月額5万円の賃料で借りる場合を考えてみる。土地を利用したいと考える者は当該土地を月額5万円の賃料で借りたいという意思表示（申込み）を地主に対して行い，地主は当該土地を月額5万円の賃料で貸すという意思表示で応対し（承諾），それぞれの意思表示が合致し，当該土地についての賃貸借契約（借地契約）が成立する。賃貸借契約の成立によって，賃借人は毎月賃料5万円を地主（賃貸人）に支払う法的義務を負い，地主は当該土地を賃借人に引き渡して使用できるようにする法的義務を負う。

　このように，契約とは相対する当事者間において交わされる申込みの意思表示と承諾の意思表示が合致して成立する法律行為なのである。

　それでは，契約における意思表示はどのようにして行われるのか，いったん成立した契約が途中で目的を達成せずに終了することはあるのかなどについて，以下，主に借地契約を例にあげながら取り上げる。

2．契約の成立

(1) 申込みと承諾の合致

　契約の成立のためには，申込みの意思表示と承諾の意思表示が合致することが必要である。この申込みの意思表示を行う者と承諾の意思表示を行う者が離れた場所にいる場合，それぞれの意思表示が相手方に到達した時に効力を生じ

る（民法97条1項，以下本章条文で特にことわりのないものは，すべて民法を指す）。

(2) 申込みの誘引

申込みの意思表示に似た概念として，申込みの誘引というものがある。

申込みの誘引とは，相手方に申込みをさせようとする意思表示のことであり，申込みの意思表示と区別される。申込みの誘引に対して承諾の意思表示を行ってもそれは申込みに過ぎず，それだけでは契約は成立しない。申込みの誘引を行った者がさらに承諾の意思表示を行って契約は初めて成立するのである。

申込みの誘引であるかどうかの区別は，契約の主たる内容が特定されていない場合や誰と契約するかが重要な場合で，契約するかどうかの決定を留保する必要性の有無によってなされる。例えば，不動産業者の広告に土地甲を月額賃料5万円で借主募集中と掲載されていたとする。この場合，地主からすると一定期間賃貸することになるので，広告募集に応募してきた者にその間賃料を支払う能力があるのかどうか審査する必要がある。したがってこの場合，不動産業者の広告は申込みの誘引となる。

(3) 条件・期限

契約が成立した場合，何も取り決めがなければ法律行為の効力（権利や義務）も契約成立時に発生する。しかし，法律行為の効力の発生や消滅を将来の不確実な事実にかからせる合意（条件）を行ったり，将来発生することの確実な事実にかからせる合意（期限）を行ったりすることもできる。例えば，7月1日付借地契約の効力発生日を3か月後に到来が確実な同年10月1日とすることもできるのである。要は，3か月後に借りるという契約を行うわけである。

(4) 行為能力

これまでは，申込みや承諾の意思表示は完全に行われたという前提で説明してきた。一人で有効な法律行為ができることを行為能力という。

しかしながら，未成年者や成年被後見人等の判断能力が不十分な者の意思表示については，法律行為の意味を正確に理解できていない場合もあり，一定の

保護が必要となる。そこで，未成年者や成年被後見人の行った意思表示については，原則として後に取り消すことができるのである（5条2項，9条）。例えば，15歳の未成年者が親権者の同意を得ずに借地契約書にサインした場合でも，後に取り消すことができるのである。

(5) 代　　理

法律行為はその効果を受ける者が直接行わなければならないわけではない。法律行為の効果が帰属する本人に代わって，本人のために法律行為を行うことを代理という。

代理には，本人が任意で代理権を付与する場合と法律上当然に代理権が発生する場合とがある。後者は，先ほどの未成年者の場合，親権者はその親権に服する未成年者を法律上当然に代理することができるという法定代理制度などがある。いずれにせよ，代理人が本人を代理して行った法律行為の効果はすべて本人に帰属する。例えば，借地契約の条件交渉を地主が直接行わずに不動産業者に代理で行ってもらう場合があげられる。

3．契約の効力

(1) 契約自由の原則

申込みと承諾の意思表示の合致によって成立する契約の内容は，原則としてその契約当事者間の合意によって自由に決めることができる。これを契約自由の原則（私的自治の原則）という。

借地契約の場合，借地権の対象となる土地の所在，面積，範囲，借地料（賃料）の額，賃貸借期間，借地の目的，借地料の支払時期・支払方法，借地契約の解除に関する事項，借地契約終了時の扱い，借地権譲渡の可否等を契約当事者の協議によって取り決めていくことになる。いったん，これらの事項について合意が成立すると，各契約当事者はその合意内容に応じて法的な義務を負うことになる。例えば，合意によって借地契約の期間を10年間と定めて合意した場合，当該10年の貸借期間中，賃貸人（地主）は特段の事情のない限り賃貸借契約を解除することはできないし，賃借人は賃貸借期間中合意によって定められた賃料を支払う義務を負うことになる。

（2）契約自由の原則の限界

既に説明した通り，契約内容は契約当事者の合意によって自由に決めることができるのが原則である。しかしながら，この原則を貫くと極めて不公平になってしまう場合がありうることから，一定の公益的観点から法令によって契約当事者の合意によっても定めることのできる内容に制限が加えられている場合もある。その代表例が公序良俗と強行法規による制限である。

民法では，公序良俗に反する法律行為は無効とする旨規定されており（90条），契約当事者の合意があっても無効となる。例えば，人身売買のような契約は民法以外の具体的な法規制がなくても当然に無効となる。

次に強行法規について，借地借家法による制限があげられる。民法において，賃借権の存続期間は50年を超えることができないと定められ（604条1項），長期の制限は加えられているが，短期の制限は加えられていない。一方，借地借家法では，建物所有を目的とする借地権の存続期間は30年と定められ（同法3条本文），さらにそれより短い期間を定めても無効となり，一律30年になると定められている（同法9条）。これは，借地上に建てられた建物が短期間のうちに取り壊されてしまうことによる社会的不利益の防止と借地人の保護という観点から設けられた規制である。

（3）契約の履行

契約が成立すれば，その契約内容に応じて契約当事者は義務を履行しなければならなくなる（415条）。この義務の履行のことを債務の弁済ともいう。

履行期限までに契約内容に定めた債務を弁済することになり，履行期限までに債務の弁済がなされない場合，後に説明する債務不履行の問題となり，履行遅滞によって生じた損害の賠償や契約の解除という問題に発展する。

（4）同時履行の抗弁権

契約内容に定めた義務を期限までに履行しない場合であっても，直ちに債務不履行となるわけではない。

双方の契約当事者が対価的な意味を持つ債務を負担し合っているような契約（双務契約という）がある。双務契約上の各契約当事者の債務に牽連性（一方の

債務があるからこそ他方の債務もあるという関係性）がある場合，一方の債務が履行されるまでは，他方の債務を履行しなくても法的な責任を問われないのである。これを同時履行の抗弁権という。これは契約当事者の一方の権利を保護する役割を有する。具体的には，一方の債務だけ履行させられて，他方の債務の履行は放置されてしまうという事態を防止することができるのである。例えば，土地の売買契約において，買主からの一方的な土地の引渡請求に対し，売主は代金を支払うまでは土地の引渡しに応じないという形で同時履行の抗弁権を行使することができるのである。

（5）履行不能

履行不能とは，債務の履行が不可能な状態にあることをいう。契約成立時既に履行不能となっていた場合，契約自体が無効になるのか有効に成立させた上で後発的な履行不能として扱うのかについて争いがある。

契約成立後に履行不能となった場合，当該契約の当事者に履行不能について責任があれば損害賠償や契約の解除の問題となる。契約当事者に帰責性がない場合，天災事変等の不可抗力や無関係な第三者の行為が介在した場合などは，後述の危険負担の問題となる。いずれにせよ，履行不能である以上，契約で定めた債務の履行を求めることはできなくなる。

（6）危険負担

当事者双方の責に帰することのできない事由によって債務が履行不能となった場合，他方の債務の債務者は自身の債務の履行を拒否することができる（536条1項）。これは，不可抗力等によって一方の債務が履行不能となった場合，その反対債務の履行を強制することは不公平であることから設けられた規定である。例えば，建物の売買契約の場合，契約成立後の大地震で当該建物が倒壊して滅失した場合，買主は代金の支払いを拒否することができるということになる。

4．契約の解除

(1) 契約の当然終了

　契約成立後，契約当事者が各債務の履行を完了させた場合や借地契約のような契約期間が満了した場合，契約当事者が死亡等によって消滅して契約が相続人に引き継がれなかった場合，当該契約は当然に終了する。

(2) 約定解除権と法定解除権

　一方，契約は解除されることによっても終了する。当事者の一方的な意思表示によって契約を解消する権利を解除権と呼び，解除権はその発生原因に応じて約定解除権と法定解除権に区別される（540条1項）。

　約定解除権とは，当事者が契約であらかじめ解除権を行使できる場合を取り決めている場合である。例えば，借地契約の場合，借主は貸主に対して1か月前に書面で通知することによって借地契約を解除することができるというような取り決めである。

　法定解除権とは，法律の規定によって一方当事者に解除権が認められる場合である。その一つの債務不履行による解除権の行使を説明する。

　当事者の一方がその債務の履行をしない場合，他方当事者は相当の期間を定めてその履行を催告し，その期間内に履行がないときは，その契約を解除することができるとされている（541条）。このような場合においてまで，契約関係を存続させておく必要がなく，一方当事者に契約関係から離脱する手段を認めておく必要があるからである。

(3) 契約解除の効果

　債務不履行を理由に契約を解除した場合，解除権を行使した当事者は他方当事者に対し，既に履行した給付の返還を請求することができる。これを原状回復請求という。また，一方当事者から契約の履行請求を受けても，他方当事者はその履行を拒絶できる。さらに，一方当事者の債務不履行によって損害を被った他方当事者は，その損害の賠償を請求できる（415条）。

　例えば，借地契約の場合，賃借人が契約で定めた賃料を正当な理由なく支払

わず，賃貸人から一定期間を定めた催告があったにもかかわらず当該不払いが続き，もはや信頼関係が破壊されたといえる場合，賃貸人は契約に定めがなくとも借地契約を一方的に解除することができる。この場合，解除によって借地契約は終了するので，原状回復の一環として，賃借人は賃貸人に対し，借地を明け渡す義務を負うことになる。

第8章 契約—消費貸借ほか—

1．契約の類型

　契約の内容は契約の当事者の合意によって自由に決めることができるのが原則である。一方で，民法では，贈与，売買，交換，消費貸借，使用貸借，賃貸借，雇用，請負，委任，寄託，組合，終身定期金及び和解の13種類の契約については類型化して規定を設けている。これら類型化された契約を典型契約という。

　本章では，典型契約のうち消費貸借を中心に説明する。

2．消費貸借契約とは

　「消費貸借は，当事者の一方が種類，品質及び数量の同じ物をもって返還することを約して相手方から金銭その他の物を受け取ることによって，その効力を生ずる」（民法587条，以下本章条文で特にことわりのないものは，すべて民法を指す）。

　民法では，消費貸借契約については上記のように定義されている。消費貸借契約の特徴は，借りた物をいったん借主において消費し，後日同等の物を貸主に返還するという点である。

　かつては，農業に必要な種籾や苗なども消費貸借の対象とされていたが，現代において消費貸借の対象となるのはほとんどが金銭である。そこで，以下，金銭に関する消費貸借契約，すなわち金銭消費貸借契約について説明する。

3．金銭消費貸借契約

（1）金銭消費貸借契約の具体例

　日常生活において，金銭消費貸借契約は広く締結されており，住宅ローン，自動車ローン，キャッシング（銀行や消費者金融からの借入でキャッシュカード

を利用して店舗に設置されたATM機から現金を引き出す形で借り入れる形式をとるもの），奨学金借入（返還義務のあるもの）などがあげられる。

（2）契約当事者

金銭を貸し付ける者を貸主又は債権者，借りる者を借主又は債務者と呼ぶ。

（3）契約の成立要件

大きく分けて返還の合意と金銭の交付によって成立する。

返還の合意がなければ，その約束は贈与となる。また，金銭の交付は絶対的な要件ではなく，書面でする金銭消費貸借契約は，現実に金銭を交付しなくても後に交付することを合意すれば有効な契約として成立する（578条の2）。

返還の合意と金銭の交付があれば金銭消費貸借契約は有効に成立し，借用書の作成は必須の要件ではないものの，一般的にはトラブル防止のために借用書が作成される。

（4）金銭消費貸借契約で取り決めるべきこと

1）取決め事項の概要

金銭消費貸借契約を締結する際，一般的に，返還の合意以外に取り決めるべきこととして，貸す（借りる）金額，返済期限・返済方法，利息，遅延損害金，期限の利益の喪失の有無，連帯保証人等が主なものとしてあげられる。

2）元金・利息・遅延損害金

貸す（借りる）金額そのものを元金と呼び，通常は利息の取決めがなされる。また，返済期限を経過した後に発生する遅延損害金の利率についても取決めがなされる。

利息の定めについて補足すると，利息についての定めがない限り，債権者は債務者に利息の支払いを請求できない（589条1項）。利息は一般的には年利計算し，その利率は契約当事者間の合意によって自由に決めることができる。しかしながら，銀行や消費者金融等の貸金業者が貸付けを行う場合，その利率には利息制限法による規制があり，同法で定められた利率以上の合意を行ってもその超過する部分は無効とされる。

一方、遅延損害金については、返済期限を過ぎても返済がない場合、利息のような取決めがなくても法定利率によって計算した遅延損害金を債権者は債務者に請求することができる（419条1項本文）。契約当事者間の合意によって、法定利率を超える利率で合意した場合、当該約定利率に基づいて遅延損害金の請求ができる（419条1項但書）。

3）返済方法

返済方法とは、一括で返済するのか分割で返済するのか、分割で返済する場合、1回当たりの返済額やその期間（毎月なのか2か月に1回なのかなど）を指す。1回当たりの返済額の決め方については、元利均等方式と元金均等方式がある。

元利均等方式は、毎月一定額を返済するというもので、利息と元金の内訳はその都度変わる（当初は利息の占める割合が多く、次第に元金が減っていくにつれて利息の占める割合は減少していく）。例えば、100万円を年利10％で借りたとしよう。月額10万円の元利均等方式で返済する場合、毎月定額の10万円を返済し、初回の返済金10万円の内訳は、元金は9万1,667円で利息は8,333円（1か月分の元金100万円に対する年利10％の割合の利息）となる（1円未満四捨五入）。初回の返済で元金は一部減少しているので、2回目以降の返済金10万円の内の利息は、初回の返済によって減少した残元金90万8,333円（100万円 − 9万1,667円）に対する利息となるので、次第にその占める割合は少しずつ減少していくことになる。

元金均等方式は、定額の元金に利息を付加して支払うというものである（当初は元金部分が大きいため利息も多く、返済額は大きくなる）。先ほどの例にならうと、毎月10万円の元金に1か月分の元金100万円に対する年利10％の割合の利息8,333円を付加した合計10万8,333円を初回に支払うことになる。元利均等方式に比べて、元金均等方式の方が元金の減るスピードは速いが、毎月の返済額は元利均等方式よりも高額になる。

その他にも、一定の債務残高まではその具体的残高にかかわらず毎月一定額のみを返済するという定額リボルビング方式や、債務残高に対する定率の割合で算出した金額を返済するという定率リボルビング方式などがある。

4）期限の利益の喪失

　期限の利益とは，分割返済の場合の特有の事項であり，債務を一括ではなく分割して返済していくことができるという利益のことである。この期限の利益が失われる場合について取決めを行うのである。

　一般的には，1回でも分割返済が滞った場合（定められた期限までに分割返済をしなかった場合），債権者からの催告なしに当然に期限の利益が喪失される，というような取決めがなされる。このような取決めの下，例えば，分割返済期限を過ぎてもその分割金の返済を行わなかった場合，期限の利益が自動的に喪失され，債務者は遅延した分割金だけでなく，その後に順次返済期限が到来するはずだった残りの債務すべてを即座に返済しなければならなくなるのである。

5）連帯保証人

　連帯保証人とは，債務者本人と連帯して債務の返済義務を負う者である。当然，債務者以外の第三者が連帯保証人となる。連帯保証人は，金銭を借り入れていないにもかかわらず，その全額について返済義務を負う者であり，その責任は非常に重い。そのため，連帯保証人となる者が書面で連帯して保証する旨を債権者に対して約束しない限り，連帯保証人としての責任は生じない（446条2項）。軽率に金銭消費貸借契約書の連帯保証人欄に署名押印してしまうと，実際に金銭を借りていないにもかかわらず後に多額の返済を求められてしまうことにもなりかねないことから，慎重に検討が必要である。

4．クレジットカードの利用とその仕組み

　特定の銘柄のクレジットカードを利用してその加盟店で買い物をし，その代金の支払いをクレジットカード払いとした場合，その場で買い物客はクレジットカードを提示し，現金にて代金を支払わずに商品を購入して受け取る。加盟店は，後日信販会社（カード会社）から売買代金から一定の手数料を差し引いた金額を支払われ，買い物客は信販会社に対して契約で定められた期限までに売買代金と場合によってはその利息に相当する手数料を付加して返済する。これは，端的に説明すると買い物客が支払うべき売買代金を信販会社が立て替えて加盟店に支払い，後日買い物客が信販会社に当該立替金を返済するというも

のである。

　買い物客が信販会社に対して立替金を返済する方法として，所定の期日に一括して支払うのか分割して支払うのかを加盟店での会計時に決め，それに従って後日返済していくのである。一般的に分割払いの場合，買い物客は信販会社に対して所定の分割手数料を支払うことになる。加盟店での会計時に一括払いか分割払いか問われるのはそのためである。

5．住宅ローン

(1) 住宅ローンの契約

　自宅を購入する際に金融機関から購入資金を借り入れるという住宅ローンの利用は広く一般的に行われている。

　住宅ローンを組む際の取引は，自宅となる不動産の売買契約と金融機関から購入資金を借り入れる金銭消費貸借契約が同時に行われる取引であり，特別なものではない。また，金銭消費貸借契約の締結時に，購入した不動産を融資した金融機関の担保に提供する抵当権設定契約が同時に締結されることが多い。

　住宅ローンを組む際には，この他にも実にさまざまな契約を同時に締結することになるので，その契約内容の確認は慎重に行わなければならない。

　まずは，以下抵当権設定契約について説明を行う。

(2) 抵当権について

　抵当権とは，債務者又は第三者が占有を移さずして債務の担保に供した目的物について，抵当権者は他の債権者に先立って自己の債権の弁済を受けることができる権利である（369条）。目的物は多岐にわたるが，本章では住宅ローンの契約として，不動産を念頭に説明する。

　抵当権は，金銭の貸主である債権者とその債務者又は第三者との間で抵当権設定契約を締結することによって発生する。第三者というのは，自身は金銭の借入れを行っていないが，自身が所有する不動産を担保に提供する者であり，物上保証人とも呼ぶ。自身の債務ではないが，担保として自身が所有する不動産を提供している以上，保証人と類似の関係に立つからである。

　抵当権を設定した不動産について，その所有者は従前と同じくその不動産の

使用収益を続けることができ，抵当権者となった債権者に引き渡したりする必要はない。「占有を移さずして」とはそういう意味である。

　抵当権者は，債務者がその債務の支払いを怠った場合，裁判所に抵当権に基づく競売申立てができ，その競売手続を経て強制的に担保不動産を売却し，売却代金から貸付金を強制的に回収することができる。この優先的な回収権が抵当権の主な役割の一つである。

（3）不動産登記制度の概要

　不動産についての権利の変動を第三者に主張するためには，法務局で権利の変動に関する登記をしなければならない（177条）。自らが不動産の所有者であることを広く第三者に主張するためには，所有権移転登記を受けなければならないのである。

　このように，わが国では，登記制度によって不動産に対する権利の変動を一元的に管理している。したがって，不動産を購入した場合，その登記名義を前所有者から新所有者に変更する。この変更手続きを所有権移転登記手続という。同様に，当該不動産について抵当権の設定を受けた抵当権者についても，抵当権設定登記手続を経なければ，当該抵当権の存在を第三者に主張できないのである。

（4）抵当権者相互の関係

　一般的に，住宅ローンを組む際，金融機関と自宅購入者との間で抵当権設定契約が締結され，金融機関名義の抵当権が設定される。

　先ほど説明したように，抵当権の設定によって当該担保不動産の占有は抵当権者には移転しないので，債務者又は第三者は他の債務の担保のために同一の目的不動産に抵当権を設定することができる。この場合，先に設定された抵当権と後に設定された抵当権とではどちらが優先するのであろうか。

　結論から述べると，先に抵当権設定登記を完了した抵当権者が優先することになる。具体的には，抵当権設定契約締結日の前後ではなく，抵当権設定登記の前後によって優劣が決まるのである。したがって，同一の不動産に対して異なる抵当権が2個設定された場合，先に抵当権設定登記を受けた抵当権から競

売によって得られた代金より弁済を受け，残余があれば次に抵当権設定登記を受けた抵当権が弁済を受けるのである。この場合，最初の抵当権を一番抵当権，劣後する抵当権を二番抵当権と呼ぶ。

（5）その他の保険契約

住宅ローンを組む際，同時に火災保険や生命保険に加入することがある。火災保険は，抵当権を設定した不動産が火災等によって焼失してしまった場合に備えたものであり，生命保険は完済前に債務者が死亡してしまった場合に備えたものであり，いずれも貸主である債権者に対する担保の強化として機能する。

第9章 不法行為

1. 日常生活と不法行為

　本書第7章及び第8章において述べたように，契約が成立するとその契約当事者間に債権債務関係が生じる。例えば，売買契約が成立すれば，売主には買主から代金の支払いを受ける債権と買主に対して財物を移転する債務が生じ，買主には売主から財物の移転を受ける債権と売主に対して代金を支払う債務が生じる。

　このように私的自治の原則を根拠にして契約は債権債務関係を発生させる原因となる。契約により発生する債権を約定債権という。これに対して，法律が特に定めたときに発生する債権債務関係がある。民法は，事務管理（697条），不当利得（703条）及び不法行為（民法709条）により債権債務関係が発生すると規定する。これら法律が特に定めたときに発生する債権を法定債権という。

2. 不法行為の意義

　不法行為とは，故意又は過失により違法に他人に損害を生じさせる行為をいう。例えば，自動車を運転していたXが，わき見運転をしていたために赤信号に気付かずに交差点に進入し，横断歩道を渡っていたYをはねてけがをさせてしまった場合などがこれにあたる。不法行為が生じると，不法行為を行った者は，相手方に対して，損害を賠償しなければならない（民法709条）。すなわち，加害者であるXには被害者であるYに対して治療費などの損害を賠償する債務が生じ，被害者であるYには加害者であるXから治療費などの損害の賠償を受ける債権が生じる。

　このように，民法は，契約などを前提とすることなしに，不法行為があった場合に，加害者と被害者との間に，損害賠償という債権債務関係を生じさせるのである。

3．不法行為制度の目的と機能

それではなぜ，民法は，不法行為があった場合に，加害者に被害者に対して損害賠償責任を負わせる制度を採用しているのか。民法が採用する不法行為制度の目的と機能からみていく。主な目的としては次の3つがあげられる。

(1) 損害の填補

不法行為制度の目的として，まずは被害者が被った損害の回復があげられる。これを損害填補機能という。加害者の行為が原因で損害が生じたのであるから，加害者に損害賠償責任を負わせるのは常識にかなう結論であるといえる。不法行為制度がなければ，自動車事故でけがを負ったとしても，被害者はその被害を甘受せざるを得ないのである。

もっとも，加害者に損害賠償責任を負わせるとした場合においても，加害者はいつでも損害賠償責任を負うわけではなく，不法行為制度において，どのような場合に（不法行為の要件），どのような責任を負わせるのか（不法行為の効果）が問題となってくる。これに関しては，次節以降において論ずる。

(2) 社会的制裁

また，2つめの目的として，加害者への社会的な制裁という目的があげられる。被害者が被った損害と同じ損害を加害者に負わせることによって，社会正義を実現するという考え方である。これを社会的制裁機能という。これにより，被害者に心情的な配慮をなすとともに，加害者が負う損害賠償責任の程度が制約されることになる。

(3) 事故の抑止

さらに，3つめの目的として，事故を予防して抑制する目的があげられる。一度事故を起こして損害賠償責任を負った加害者は，事故前に比べ十分に注意して行動するようになるであろう。また，どのような場合に損害賠償責任を負うのかが予測できるようになれば，責任を回避するような行動をとることが期待できる。その結果として，事故が抑止されることになるのである。これを事

故抑止機能という。

4．不法行為の要件

では，どのような場合に不法行為が成立して，加害者が被害者に対して損害賠償責任を負うのか，民法は不法行為成立の要件として4つをあげている（民法709条）。①加害者に故意又は過失があること，②加害者に責任能力があること，③権利又は法律上保護される利益の侵害があること，④加害者の故意又は過失による行為と被害者の損害との間に因果関係があることが，その要件であり，被害者はこれら4つの要件をすべて証明しなければならない。

（1）加害者の故意又は過失
1）過失責任主義

わが国の不法行為制度が過失責任主義を採用しているため，民法709条は，不法行為の成立要件として，加害者に故意又は過失があることが必要であるとする。

過失責任主義とは，損害の発生について損害賠償責任を負うのは，故意・過失がある場合だけであるという原則である。加害者の行為によって被害者が損害を被ったとしても，故意・過失がなければ，加害者が損害賠償責任を負うことはない。わが国の不法行為制度が過失責任主義を採用しているのは，私的な生活関係において，個人の自由意思を尊重するためであり，それが民法の基本原則である私的自治の原則に適合するからである。人は社会生活において自由に行動でき，合理的な行動をしていれば，万一他人に損害を負わせたとしても損害賠償責任は負うことはないのである。

ただし，今日では，過失責任主義の原則に修正が加えられている（本書第6章）。損害の発生について故意・過失がなくとも損害賠償の責任を負わせるという無過失責任として，民法717条に規定する工作物の設置・保存の瑕疵に対する所有者の責任のほか，大気汚染や水質汚濁に対する事業者の責任（大気汚染防止法25条，水質汚濁防止法19条），鉱害に対する事業者の責任（鉱業法109〜116条），原子力利用に起因する事故に対する事業者の責任（原子力損害の賠償に関する法律3条），製造物に起因する事故に対する製造業者の責任（製造物責

任法85条）などがあげられる。

2）故　　意
　故意とは，自分の行為から一定の結果が生じることを知りながら，あえてその行為を行う心理状態のことをいう。例えば，人にけがをさせるために，わざと車で人をはねるような場合である。

3）過　　失
　過失とは，不注意で他人に損害を与えた場合をいうが，加害者の具体的な心理状態のことを指すのではなく，ある状況に置かれた人に一律に要求される一定の義務を尽くしていないこと，すなわち客観的な義務違反のことを指すとされる（客観的過失）。つまり，「うっかりしていた」など，緊張を欠いた心理状態をもっては過失とはいわない。例えば，多くの人が歩いている歩道を自転車に乗りスピードを出して通り抜けようとする場合，十分に意識を緊張させて気を付けて運転していたとしても，人に衝突をしてけがをさせてしまった以上は過失がないということにはならない。

　過失とは，結果の発生についての予見可能性があるにもかかわらず，結果の発生を回避するために必要な行為をしなかったこと，すなわち，結果回避義務に違反した場合をいう。多くの人が歩いている歩道を自転車で通り抜けるのであるから，人との衝突は予見可能であり，衝突を回避するためには自転車を降りて歩くなどの回避行為をしなければならなかったにもかかわらず，そうした行為をしなかったことが過失なのである。

　過失の有無の判断は，加害者個人の能力を基準とするのではなく，その加害者の属する職業や地位などにおいて期待される一般人・平均人の能力を基準として，社会通念に従って行われる（抽象的過失）。過失の有無の判断には，上記の例でいえば，自転者を運転していた加害者個人の能力は関係なく，一般人・平均人に何ができるかが問題となる。

(2) 責 任 能 力
　上で述べたとおり不法行為の成立の要件として，加害者の故意・過失が必要であるとされる。過失とは不注意で他人に損害を与えた場合をいうのであるから，加害者に損害賠償責任を負わせる前提として，注意することができる能力

が求められる。

このような能力を責任能力といい，責任能力とは「自己の行為の責任を弁識するに足りる知能」（民法712条）のことであるとされる。仮に交通事故の加害者であっても責任能力がなければ損害賠償責任を負うことはない。判例において，責任能力の有無のおおよその目安は小学校を卒業する程度の知能とされている。民法は，損害賠償責任を負わない責任無能力者として，未成年で責任能力を欠く者（民法712条）と精神上の障害により責任能力を欠く者（民法713条）をあげている。

(3) 権利・利益侵害

民法709条は，不法行為の成立要件として，権利又は法律上保護される利益の侵害があることが必要であるとする。これは，人が社会生活において他人に損害を与えることのうち損害賠償責任を負わせる場合を限定するための規定である。

明治時代に制定された民法においては，損害賠償責任を負うのは権利侵害があった場合に限定されており，ある特定の権利の侵害がある場合のみに損害賠償責任を負わせることになっていた。しかし，1925年（大正14年）に示された大審院の判決では，ある特定の権利でなくとも，「法律上保護セラルル一ノ利益」が侵害された場合には，被害者は加害者に対して損害賠償を請求することができるとした（大学湯事件）。それ以降，判例はこの考え方を踏襲してきたが，2004年に民法が改正された際，法律上保護された利益が侵害された場合にも損害賠償責任を負うことが明記された。

不法行為制度により救済される「権利又は法律上保護される利益」の内容は社会の進歩や社会情勢に従い変化してきた。例えば，生活環境への関心の高まりの中で，現代においては町並みや景観などが法律上保護される利益として認められている。

(4) 因果関係

さらに，不法行為を理由として加害者に損害賠償責任を負わせるためには，加害者の行為と発生した損害の間に因果関係が存在しなければならない。損害

と因果関係のない行為については加害者に帰責させることはできない。民法709条は,「故意又は過失によって他人の権利又は法律上保護される利益を侵害した者」と規定する。

例えば,自動車を運転していたXが,わき見運転をしていたために赤信号に気付かず交差点に進入し,横断歩道を渡っていたYをはねてYを死亡させた場合,Xが引き起こした交通事故がなければYは死亡することはなかったのであるから,Xの行為とYの死亡との間に因果関係があるといえる。それに対して,Xが引き起こした交通事故により負傷したYが病院に搬送されたが搬送先病院の医療ミスによって死亡した場合においては,医療ミスという特殊な事情が介在しているため,Xの行為とYの死亡との間に因果関係は認められないといえる。通説は,因果関係が認められるには,社会生活上の経験に照らして,通常その行為からその結果が発生することが相当だとみられる関係が必要であるとする（相当因果関係説）。

5．不法行為の効果―損害賠償

それでは不法行為が成立した場合,加害者は被害者に対してどのような責任を負うのか,みていく。

（1）金銭賠償の原則

加害者は,被害者に対して損害賠償責任を負うことになる。原則として損害賠償は金銭による賠償である（民法722条1項による同法417条の準用）。被害者が被った損害は金銭で評価され,加害者から被害者にその金額が支払われることになる。

ただし例外があり,民法723条は,名誉棄損などの場合,「裁判所は,被害者の請求により,損害賠償に代えて,又は損害賠償とともに,名誉を回復するのに適当な処分を命ずることができる」と規定する。裁判所が加害者に対して新聞への謝罪広告の掲載を命ずる場合などがある。

（2）損害とは

損害賠償の対象となる損害には,被害者の財産に被った損失である財産的損

害とそれ以外の損失である非財産的損害があげられる（民法710条）。

　財産的損害には，被害者が有していた財産を失ったという積極的損害と被害者が将来得ることができたであろう利益を受け取れなかったという消極的損害がある。例えば，Xが交通事故により負傷した場合，けがの治療費や通院に必要な交通費などが積極的損害にあたる。それに対して，休業損害，後遺障害逸失利益などが消極的損害にあたる。事故により働けなくなり得られなかった収入が休業損害であり，交通事故が原因で後遺障害が残り，それまでのように働けなくなり，生涯にわたって減少する見込みとなった収入が後遺障害逸失利益である。

　さらに，非財産的損害とは，精神的苦痛を内容とする慰謝料などのことである。慰謝料についても金銭により評価される。通院から生じる精神的苦痛に対する通院慰謝料や後遺障害から生じる精神的苦痛に対する後遺障害慰謝料がこれにあたる。

（3）損害賠償請求権の消滅時効

　不法行為による損害賠償請求権は，被害者が損害と加害者を知ったときから3年が経過すると時効で消滅する（民法724条1号）（ただし，人の生命又は身体の侵害による損害賠償請求権の消滅時効は5年：民法724条の2）。また，不法行為のときから20年が経過したときも時効で消滅する（民法724条2号）。

第10章 消費者法

1. 消費者法とは

　本書第7章及び第8章などにおいて述べたように，契約など社会生活のルールを定めている民法は，対等な人同士から構成される社会であることを前提にして，契約自由の原則を採用し，また，人の行動の自由を尊重して，過失責任主義を採用する。契約自由の原則の下では，契約は当事者間で自由に決めることができるため，例えば，原価100円のボールペンを1万円で売買したとしても，当事者が納得して契約したのであればその契約は有効であり，当事者はその契約に拘束されることになる。また，過失責任主義の下で，人は合理的な行動をしていれば，万一他人に損害を負わせたとしても損害賠償責任を負うことはない。

　しかしながら，現実の社会では，消費者と事業者との間に情報の質及び量，並びに交渉力等の格差が存在し，消費者が事業者との取引や事業者の活動によって不当な損害を被ることがしばしば生ずる。

　そこで，消費者被害の防止と救済を図るために，上記原則に修正を加える消費者法という法領域が登場することとなった。消費者被害の防止と救済を図るための法律をまとめて消費者法と呼び，消費者法は，消費者の権利の尊重と自立支援を理念とする消費者基本法の下に，安全，表示，品質，契約・取引信用，被害救済などに関わる個別消費者法から構成される[1]。

[1] 消費者法については，消費者庁のホームページ（https://www.caa.go.jp/）に詳しい。

2. 消費者を取り巻く問題状況

　わが国において消費者問題が取り上げられるようになったのは，第二次世界大戦後，技術革新と国民の所得向上により大量生産・流通・消費という体制が

可能となり，大衆消費社会が成立した1950年以降である。生産・流通と消費が分離して，専門家としての生産・流通業者と素人としての消費者が登場することとなった。特に，森永ヒ素ミルク事件（1955年）など食品の安全に関わる大きな問題に端を発して，消費者問題がクローズアップされるようになった。

その後もさまざまな消費者問題が起き，例えば表示の問題として，1960年代には，牛肉と表示されていた缶詰の中身に実際は牛肉ではない肉が使用されていたこと，1970年代には，電化製品の定価と販売価格の違いが発覚して大きな社会問題となった。また，1980年代には，悪質な訪問販売，サラリーローン（いわゆるサラ金），マルチ商法などの被害が多発し，さらに，バブル経済が崩壊した1990年代には，不況につけこむ勧誘商法や内職商法などが急増した。

近年においても，私たちの社会は，食品の偽装表示，詐欺的な投資商法，携帯電話の有料サイトに関する不当請求，振り込め詐欺，インターネットオークションにおける偽ブランド品販売，キャッチセールスなど新たに生じるさまざまな消費者問題に直面している。

3．さまざまな消費者問題に対応する消費者法

上で述べたように，私たちの社会は新たに生じるさまざまな消費者問題に直面しているが，それに対応すべく多岐にわたる個別消費者法が制定されている。以下に個別消費者法について主なものを取り上げてみていく。

(1) 食品や薬品などの安全と消費者法

食品や薬品の安全については，食品安全基本法，食品衛生法，医薬品医療機器等法（正式な法律名は「医薬品，医療機器等の品質，有効性及び安全性の確保等に関する法律」である）などが規制している。食品衛生法は，食品・添加物の安全性を確保するための規制として，健康に無害であることの確証のない新食品や添加物の販売を禁止している（8，10条）。例えば，遺伝子組換え食品について，食品安全委員会による安全性審査（食品安全基本法24条1項1号）を受けていないものは健康に無害であることの確証がないとして販売が禁止されている（2019年1月現在，ジャガイモ，ダイズ，トウモロコシなどの8作物318種

類が安全性審査を受けている)。また，医薬品医療機器等法は，医薬品の安全性を確保するため，すべての医薬品について製造販売するには，品目ごとに厚生労働大臣の承認(医薬品製造販売承認)を受ける必要があると定めている(14条，19条の2)。

(2) 食品等の表示と消費者法

　食品等の表示については，不当景品類及び不当表示防止法(略称「景品表示法」，以下，「景表法」という)，家庭用品品質表示法などが規制している。景表法は，「商品及び役務の取引に関連する不当な景品及び表示による顧客の誘引を防止するため，一般消費者による自主的かつ合理的な選択を阻害するおそれのある行為の制限及び禁止について定めることにより，一般消費者の利益を保護することを目的とする」と定め(1条)，一般消費者に誤認されるような不当表示を禁止し(4条)，産地偽装，効果・効能の誇大表示等の内容にかかる優良誤認表示や二重価格表示，誇大包装等の取引条件にかかる有利誤認表示が禁止されている(4条1項1号，2号)。また，特に公正取引委員会が指定する不当表示，例えば，無果汁清涼飲料水についての誤認表示，おとり広告などが禁止されている(4条1項3号)。そして，これら禁止される不当表示に対して，内閣総理大臣(消費者庁長官)は，その差止め，再発防止に必要な事項又はこれらの実施に関連する公示その他必要な事項を命ずることができる(6条)。

　景表法はさらに，不当表示にあたるか否かの判断については，立証責任を表示した事業者に転換しており(4条2項)，例えば，効果・効能の誇大表示について，その効果・効能につき事業者がその裏付けとなる合理的な根拠を示す資料を提出しないときは不当表示とみなされることになる。また，事業者が不特定かつ多数の一般消費者に対して優良誤認表示又は有利誤認表示を行い又は行うおそれがあるときは，適格消費者団体が，上記差止めなどを請求することができる(10条)。

　景表法においてはしばしば，表示の主体は誰かが問題となる。基本的には，一般消費者に，直接，商品を販売する小売業者が当該商品にかかる表示の主体であると解されている。ただし，鶏肉の原産地偽装表示事件(2002年)において，直接一般消費者に鶏肉を売っていない卸売業者が表示主体として景表法違

反とされた事件もあった。この事件において卸売業者は，実際にはブラジル等外国産の鶏肉であったにもかかわらず，一般消費者が見ることになる包装又は段ボール箱に「食鳥検査合格品　国産鶏肉」とのマークを記載していた。

（3）製造物の安全と消費者法
1）製造物責任法とは
　私たち消費者は，日々大量生産された商品を購入し，使用している。それでは，その商品に欠陥があった場合にはどうしたらよいだろうか。
　本書第9章で学んだように，民法に従い，欠陥品を製造した業者に対して不法行為に基づく損害賠償責任を負わせることが考えられる。ところが民法では，欠陥品によって受けた損害の賠償請求を行う場合，まずは被害者が製造業者に不法行為があったことを証明する必要がある。不法行為責任が生じるのは，製造業者に過失があった場合のみであるため，被害者が，欠陥が生じた理由を追求して相手の過失を立証しなければ救済は受けられない。
　だが，これらの立証において，消費者たる被害者と事業者たる製造業者との間には情報収集能力や情報の質及び量などの格差が存在するため，消費者たる被害者に不利であると言わざるをえない。
　そこで製造物責任法（1994年7月成立）は，製造者に「不法行為責任」ではなく「製造物責任」を負わせ，被害者は「過失」ではなく「欠陥」を証明できれば，損害賠償を可能としている。

2）製造物の定義
　製造物責任法の対象となるのは「製造物」であるため（製造物責任法2条1項），テレビやスマートフォンなどの家電製品から，自転車，机や椅子，また，コンビニ弁当やケーキなどの食料品まで，人の手が加わったあらゆる物に適用される。
　ただし，野菜や果物など，一切手を加えていない商品については適用除外となる。また「動産であること」も定義されているため，電気や電波，コンピュータープログラムやアプリなども対象外とされる。

3）欠陥の定義
　それでは，製造物責任法の対象となる「欠陥」とは何か。製造物責任法は，

欠陥を「当該製造物が通常有すべき安全性を欠いていること」と規定する（2条2項）。欠陥といっても，設計自体に問題がある場合から，使用されている部品に原因がある場合，又は説明書に不備がある場合などさまざまなものがある。また，メーカーは指示を出していたが，組み立てを行った下請け業者の手抜きで問題が発生することもある。消費者保護を理念とする製造物責任法においては，これらすべてが「欠陥」であり製造物責任があるとされる。

ただし，あくまで「欠陥が予測できた場合のみ」という前提がつくため，製造当時の科学技術では危険性がわからなかった場合などは免責される。

4）製造業者とは誰か

製造物責任法の適用を受ける「製造業者」とは誰か。原則として，事業として（反復継続して）製造を行った者が対象となる（製造物責任法2条3項）。また，輸入品については輸入業者も対象となり，たとえ製造に一切関わっていなくとも，輸入販売を行っただけで責任を負うこととなる。さらに，たとえ製造業者でなくとも，製造業者と誤認されるような表示がされていた場合なども責任を問われることとなる。

5）損害賠償請求の期間の制限

製造物責任は，製品の引渡しから10年を経過すれば除斥となる上，実際に損害を受けた際も，その事実を知ったときから3年を経過すれば時効となり，損害賠償の請求はできなくなる（製造物責任法5条）。

（4）契約・取引信用と消費者法
1）消費者契約法とは

私たちは日常生活を送る上で，さまざまな場面で契約を結んでいる。それは，物を買ったり，電車に乗ったり，学校に通ったり，お金を借りたり，といった場合である。契約関係一般については民法によるが，特に消費者と事業者との間の契約（消費者契約）については，両者の間には持っている情報の質・量や交渉力に格差があるため，消費者契約法などにより契約自由の原則に修正が加えられ，消費者救済が図られている。

消費者契約法は，消費者と事業者の間で結ぶすべての契約を対象とする（2条1項）。消費者と事業者間の契約であれば，契約の種類や形態を問わず，す

べてに消費者契約法が適用される。

　消費者契約法によって消費者が救済され得る類型としては，①消費者の誤認類型，②消費者の困惑類型，③業者が用いる不当な契約条項に対する規制の類型，がある。

　①誤認類型には，不実の告知（消費者契約法4条1項1号），断定的判断の提供（同法4条1項2号），不利益事実の不告知（同法4条2項，4項）と呼ばれる3つの類型がある。不実の告知とは，事業者が嘘をついた場合で，例えば，本当は築20年の建物であるにもかかわらず，築10年であると告げた場合のように，取引される商品や取引の条件について，通常，契約を締結するかどうかの判断に影響を及ぼすものに関して，業者が客観的事実と異なることを告げた場合をいう。断定的判断の提供とは，事業業者が確実でない事柄について断言するような意見を述べた場合で，例えば，ある商品につき，将来値上がりするかどうか不確実な事柄につき，業者が値上がりは確実であるとした場合などである。不利益事実の不告知とは，それを知っていれば契約を結ばなかったような，消費者にとって不利益な事柄（契約を締結する・しないの判断の決め手になるような事柄）を業者が意図的に教えなかった場合で，例えば，中古車販売において事故歴があるにもかかわらず，事故歴についてわざと黙って販売した場合などである。

　②困惑類型とは，例えば，業者に突然自宅を訪問され，帰って欲しいと言ってもなかなか帰らず（不退去・同法4条3項1号），仕方なく契約した場合や，消費者が勧誘を受けている場所から帰ろうとしているのに帰してくれず（退去妨害・同法4条3項2号），契約せざるを得なかった場合をいう。

　①，②の場合には，消費者は，事業者との間で締結した契約を取り消すことができる。

　③業者が用いる不当な契約条項に対する規制については，事故などの場合に事業者の損害賠償責任のすべて又は一部を免除する条項，事業者の債務不履行等の場合でも消費者の解除権を放棄させる条項，解約損害金が平均的な損害の額を超える条項など，消費者の利益を一方的に害する条項が規制されている（同法8条）。消費者契約法はこれらの条項を無効としており，消費者はこれらの条項を無いものとできる。

2）個別の取引類型に対するさらなる規制

　消費者契約法は消費者契約一般に対する規制であるが，訪問販売，信用取引，インターネット取引など個別の取引類型についてはさらなる規制がなされている。特定商取引法（正式な法律名は「特定商取引に関する法律」である），割賦販売法，電子消費者契約法（正式な法律名は「電子消費者契約及び電子承諾通知に関する民法の特例に関する法律」である）などがそれらを規制する法律である。

　例えば，特定商取引法は，訪問販売につき「クーリングオフ」と呼ばれる制度を導入し（9条)，一定の期間内であればいかなる理由も不要で，かつ，無条件で購入者からの一方的な契約解除を認めている。

第11章 労働法

1. 労働法とは

　労働法という名称の具体的な法律が制定されているのではなく、日本国憲法で国民に保障された生存権（日本国憲法25条）を基本とした労働基本権（同27条・28条）の保障を規範的根拠として成り立った労働基準法や労働組合法等の総称（法体系）である。特にその中でも中心的な労働基準法、労働組合法及び労働関係調整法の三法を労働三法と呼ぶ。

　使用者（事業主又は事業の経営担当者のこと、労働基準法10条）と労働者（職業の種類を問わず、事業又は事業所にて使用される者で、賃金を支払われる者のこと、同法9条）との間の雇用関係については民法でも規定されているが（民法623条～631条）、その大部分が特別法である労働基準法等によって修正されていることから、以下、労働三法のうちの労働基準法を中心にその内容を説明する。ただし、紙幅の関係上、労働法のすべての内容を網羅することはできないので、特に重要な箇所を概説する。

2. 労働基準法

(1) 労働条件の原則（1条2項、13条、以下本節においてすべて労働基準法）

　労働基準法は、労働条件の最低基準を定めたものであり、本法を下回るような労働条件を定めることはできない。そのような労働条件を定めても、当該部分は無効となる。

(2) 差別的取扱いの禁止（3条、4条）

　使用者は、採用時はもとより、採用後においても、労働者の国籍、信条、社会的身分又は性別を理由として、賃金や労働時間等の労働条件について、差別的な取扱いをしてはいけない。例えば、労働者の能力が同じであるにもかかわ

らず，特定の宗教に帰依していることのみを理由に賃金[1]に格差を設けることはできないのである。

> [1] 賃金とは，その名称にかかわらず労働の対価として使用者から労働者に支払われるものを指し（11条），一般的には給与，給料，賞与，手当などの呼び名で支給されている。なお，最低賃金法により，都道府県ごとに地域別最低賃金が定められており，当該金額以下で労働条件を定めても無効とされる。最低賃金は毎年10月に改定される。

（3）強制労働の禁止 （5条）

　使用者は，暴行，脅迫，監禁その他精神又は身体の自由を不当に拘束して労働者の意に反して労働させることはできない。親の借金の返済のためにその子を特定の場所に監禁してその意に反して作業に従事させるようなことは許されないのである。不当な人身売買を予防する目的もある。

（4）労働条件の明示義務 （15条）

　使用者は，労働者との間で労働契約（雇用契約）を締結する際，賃金や勤務時間等の労働条件を明示しなければならず，特に雇用期間や就業場所，従事する業務内容，賃金の額やその計算方法等については書面にて明示しなければならない。口約束だけで雇用するというのは許されないのである。

（5）賠償予定の禁止 （16条）

　使用者は，労働契約の不履行について違約金を定めたり，損害賠償額を予定したりする契約をしてはならない。不当に労働者を労働契約にしばり付けられることがないようにするためである。

　例えば，無断欠勤1回につき違約金として1万円を支払うというような内容の契約は無効となる。ただし，これはあくまでも契約で事前に取り決めることが禁止されるだけで，現実に労働者の無責任な無断欠勤によって生じた使用者の損害を使用者が労働者に請求することが禁じられるわけではない。

（6）前借金相殺の禁止 （17条）

　使用者は，前借金その他労働することを条件とする前貸しの債権と賃金を相

殺してはならない。これは，労働者が労働契約を締結する際に使用者が労働者に貸付金を付与し，以後その貸付金の返済を賃金と相殺することによって行うものである。戦前，多額の借金の返済のために若い女性が身売り同然の扱いを受けて苦しんだことへの教訓や強制労働の禁止を徹底させるために設けられた規定である。

(7) 強制貯金の禁止 (18条)
　使用者は，労働契約に附随して貯蓄の契約をさせたり，貯蓄金を管理する契約をしたりしてはならない。この規定も，労働者から賃金の一部を強制的に取り上げることによって労働者の転職を困難にし，しいては強制労働につながるおそれがあることから設けられたものである。

(8) 労働契約（雇用契約）の解消
1）労働契約（雇用契約）締結までの流れ
　一般的に，就職を希望する者は就職活動（筆記試験や面接など）を行い，採用内定が出され，労働契約（雇用契約）を締結して，就職が確定することになる。就職後も一定の試用期間が定められていることが多く，試用期間を経て"一人前"になるという社会的認識も見受けられる。
　ここでは，採用内定時以降になされる使用者から労働者に対する法律関係の解消について概観する。

2）採用内定取消
　採用内定とは，使用者と労働者との間の始期付解約権留保付労働契約の成立であると解釈されている。つまり，労働契約は契約で定めた一定の時期（例えば4月1日）から効力が発生するが，使用者に当該労働契約の効力発生日までの間に解約することができる権利が付された労働契約である。一般的には，使用者からの採用内定に対して，採用内定者から誓約書を提出することによって，始期付解約留保権付労働契約は成立すると解釈されている。
　始期付解約留保権付労働契約の成立時においては，まだ労働契約の効力は発生しておらず，かつ使用者の解約権は留保されているため，誓約書に記載されていなくても，客観的に合理的で社会通念上相当として是認できる事由が生じ

れば，使用者において解約する（採用内定を取り消す）ことができる。

3）試用期間

一般的に企業では，就業規則において試用期間を設けている。試用期間とは，企業が従業員を採用する場合に，本採用の前に試験的に働かせて，能力や適格性を試してみる期間のことである。試用期間のある労働契約も通常の労働契約と同じであるが，試用期間中は使用者に労働者の不適格性を理由とする解約権が大幅に留保されている。したがって，使用者による労働者の試用期間中の解雇は，通常の試用期間経過後の解雇に比べて大きな裁量が認められている。

ただし，試用期間中の解雇あってもその裁量に制限はあり，客観的に合理的な理由は必要である。一般的に試用期間は3か月程度で定められていることが多い。

4）普通解雇

普通解雇（単に解雇とも呼ぶ）は，労働者がけがや病気（私傷病）など労働者に責任のある事由によって働けなくなった場合に，使用者からの一方的な意思表示で労働契約を解消することである。

ただし，私傷病や能力不足等の普通解雇事由（一般的には就業規則に定められている）がある場合でも，常に普通解雇が有効となるわけではない。判例によって，使用者の解雇権の濫用となるような普通解雇は無効と解釈されている。例えば，勤務態度の不良を理由とする場合の普通解雇の場合でも，その程度や改善の可能性，反省の機会の付与の有無等を考慮した上で，その有効性が判断されるのである。

普通解雇する場合，使用者は30日前に解雇予告を行った上で解雇するか，30日分以上の解雇予告手当を支払った上で即時解雇することになる。

5）懲戒解雇

懲戒解雇とは，企業秩序に違反する重大な行為に対する制裁として行われる解雇である。

一般的に，企業秩序に違反した労働者に対して，使用者はその懲戒処分として，譴責（厳重注意），減給，出勤停止，降格などを行うが，懲戒解雇は労働契約を解消するという意味で最も重い懲戒処分となる。懲戒解雇となった場

合，退職金の没収や減額を伴うことが多く，また懲戒解雇された労働者の再就職が困難になることも多く，普通解雇に比して労働者に与える影響は大きい。

したがって，懲戒解雇するためには，あらかじめ就業規則に懲戒解雇事由が定められていること，労働者が当該懲戒解雇事由に該当する行為を行ったこと，当該行為が企業秩序を乱す著しく悪質かつ重大なものであることなどが必要となる。例えば，会社の多額の金銭を横領したり，会社の重大な機密情報を競合他社に漏らして会社に多大な損害を与えたりした場合等が該当する。

懲戒解雇する場合，普通解雇と違って解雇予告期間を設ける必要はないが，一般的には労働者に弁明の機会を与えることが望ましい。

6) 整理解雇

整理解雇（いわゆるリストラ）とは，企業経営の合理化，又は整備に伴って生じる余剰人員を整理するために行われる解雇で，使用者の経営上の理由によるものである。労働者の責に帰すべき事由はない。普通解雇の一種であるが，企業経営の存続にも関わるものであることから，一定の要件下で認められている。

一般的には，①客観的に人員整理を行う業務上の必要性があること，②整理解雇を回避する他の方法がないこと（使用者において整理解雇回避のための努力がなされたこと），③整理解雇対象者の選定基準に合理性があること，④整理解雇手続に関して労働組合や労働者との間で誠意をもって説明・協議がなされたことが必要とされており，これらを整理解雇の4要件と呼ぶ。この他にも整理解雇の有効性を判断する際に割増退職一時金の付与等も考慮される場合がある。

ただし，中小零細企業の場合には必ずしも整理解雇の4要件が適用されるわけではなく，その実態に応じて具体的にその有効性が判断される。

3．労働組合法

(1) 労働組合とは

「労働者が主体となって自主的に労働条件の維持改善その他経済的地位の向上を図ることを主たる目的として組織する団体又はその連合団体」を労働組合と定義している（2条本文，以下本節においてすべて労働組合法）。

労働組合の構成主体となる「労働者」とは,「職業の種類を問わず,賃金,給料その他これに準ずる収入によって生活する者」であり（3条）, パートタイマーや派遣社員なども含まれる。なお, 労働組合への加入は原則として労働者の任意の選択に任されており, 強制加入ではない。さらに, 一企業内に複数の労働組合を設立することも可能である。

　労働者によって構成される労働組合は, 日本国憲法で保障された団結権, 団体交渉権及び団体行動権を行使し, 労働者の待遇改善を図っていく役割を有する。

(2) 労働協約とは

　使用者と労働組合との間で締結される労働条件その他に関する協定であり, 書面により作成され, 両当事者が署名又は記名押印したものである（14条）。労働組合との間で締結されること, 協定の対象が広範囲であること, そのために法的効果を伴わない場合もあることが次の労使協定と異なる。

(3) 労使協定とは

　事業場の労働者の過半数を組織する労働組合, またはそのような組合がない場合は事業場の労働者の過半数を代表する者と使用者との間に締結される書面による協定である。労使協定は法的効果を伴う。

　例えば, 時間外・休日労働を行う場合に必要な協定（通称３６協定, 36条1項）, 賃金の一部を控除して支払う場合に必要な協定（24条1項）などがある。

4. 労働関係調整法

　労使関係の紛争の予防, 解決のための調整を行うことを目的とした法律である（労働関係調整法1条）。主として労働委員会による斡旋手続, 調停手続, 仲裁手続等について規定されている。

第12章 医事法

1. 医療と法

(1) 患者の権利

医療における患者の権利は，日本国憲法の幸福追求権（13条）と生存権（25条）に基づく基本原理の一つとして，患者の主体性を尊重した医療の実現に不可欠な権利である。具体的には，①医療への参加権，②知る権利，③最善の医療を受ける権利，④平等な医療を受ける権利，⑤医療における自己決定権，などがある。

① **医療への参加権**：患者は単に医療を与えられるものではなく，患者自らが積極的に医療に参加する権利である。
② **知る権利**：個人が医療の主体であることを確立するために，患者が自分の身体や健康の状態を正しく理解できるよう医療情報に接することを保護するインフォームドコンセントの前提となる権利である。
③ **最善の医療を受ける権利**：国際人権社会権規約12条に定められている「すべてのものが到達可能な最高水準の身体及び精神の健康を享受する権利」に基づくもので，その内容は国内外における医療水準，医療職のレベル，患者自身のニーズなどの側面において「到達可能な最高水準」でなければならない。
④ **平等な医療を受ける権利**：日本国憲法14条の平等権の精神を踏まえ，誰もが等しく最善の医療を受ける権利を有することを確認するものである。
⑤ **医療における自己決定権**：十分な情報提供とわかりやすい説明を受け，自らの意思に基づいて，医療行為に同意し，選択し，あるいは拒否する権利を有し，医療に対する最終決定権が患者自身に属するというものである。

(2) 医療行為と同意

　医療行為を正当な業務行為と評価するための基本要件が，「患者の同意」である。患者の同意は，患者の自己決定権を重視する立場からは当然の帰結である。

　ただし，医師の権威あるいは裁量権に基づく「パターナリズム」（父権主義）により強制されて行った同意はもちろん，同意を得る際の説明において医療慣行として広く用いられる，医療の有益性を誇張して説明し，有害性を十分に説明しない「ムンテラ」によって操作された同意は有効ではない。また，患者の同意を欠く「専断的医療行為」は違法となり，刑事処罰の対象となる。

　医療行為は，患者と医師双方の理解と合意の下で実施されるが，その前提として患者の「同意能力」が必要となる。同意能力では，判断能力の有無が不明確な未成年者（特に乳幼児や年少者）・高齢認知症患者・精神疾患患者・知的障害を有する患者・意識不明の患者などの対応において，「事前指示」や「代理判断」（代諾）などの問題が生じることがある。

2．生命の操作

(1) 生殖医療

　生殖医療の発展は，妊娠・出産に関わる技術の進歩をもたらすとともに，社会的にも人工授精や体外受精などの生殖補助医療が認知され，わが国では一定の範囲においてそのための医療補助もなされており，女性の選択肢を多様化した。一方で，生殖補助医療はこれまでの親子関係を複雑なものにし，子の出自を知る権利など，子の福祉についての課題を提起することになった。

1) 代理母と母子関係

　子宮等に問題があり，子を出産できない女性に代わり，出産後に引き渡してもらう約束で，依頼者側が第三者の女性に依頼して出産してもらうのが「代理出産」で，夫婦の受精卵を代理母の子宮に移植する例が一般的である。日本では，代理出産に関する法律はないが，日本産科婦人科学会は，代理母が負う心身へのリスクや親子関係の複雑化を理由に日本国内での代理出産を禁止している。

　その一方で，代理出産を望む多くの夫婦・カップルがいるのも事実である。

ただし、代理出産には、子の引渡しあるいは引取りの拒否や代理母のビジネス化、子どもの人身売買などのリスクやトラブルなどが考えられる。また、親子関係を複雑にし、中には裁判に至ったケースもある。例えば、がん治療のため出産ができなくなった女性が、代理母により出産した子を実子として届け出た事案（最判平成19年3月23日民集61巻2号619頁）では、女性が自己以外の女性の卵子を用いた生殖補助医療により子を懐胎し、出産した場合においても、出生した子の母は、その子を懐胎し出産した女性であり、出生した子とその子を懐胎・出産していない女性との間には、その女性が卵子を提供していたとしても、母子関係の成立は認められない、とした。

2）死後生殖と父子関係

父親が死亡した時点で妻が懐胎していれば、胎児にも相続権が認められる（民法886条）が、夫の死後に体外受精し、出産する「死後生殖」の場合には、相続の開始時点では胎児ではないため（受精卵）、生まれた子は父親の相続人にはなれない。がん治療のため、治療を始める前に保存していた保存精子により死後生殖で生まれた子から死後認知の請求がなされた事案（最判平成18年9月4日民集60巻7号2563頁）につき、夫の死後の体外受精・出産は、子としての認知がなされない、として死後生殖子からの認知請求を認めなかった。

（2）出生前診断

「出生前診断」とは、出生前に精子や卵子、受精卵、胎児の検査を行い、病気の有無・可能性・程度、性別を診断することである。診断には、超音波検査、妊婦の血液を検査する母体血清マーカー試験や新型出生前診断、胎児由来の細胞を採取して検査する羊水検査などがある。

出生前診断は、妊婦・家族側にとって、親・子の幸福追求権、子孫への影響などから「知る権利」として尊重されるべきであるが、結果によって、「産む・産まない」の重い選択を迫ることになる。また、判断能力のない胎児が、人権や幸福追求権を求めることはできないとしても、生まれる権利、若しくは生まれたくない権利も内在することは否定できない。さらに、診断結果から人工妊娠中絶を安易に選択し、「命の選別」が行われることにより優生思想や障害者排除につながることが危惧されている。

(3) 人工妊娠中絶（堕胎）

「人工妊娠中絶」とは，胎児が母体外で生命を保続することができない時期（厚生労働省通知により妊娠満22週未満）に，母体内で胎児を殺すこと，及び自然の分娩期に先立って人為的に胎児を母体から分離・排出させることである。

刑法では，胎児の生命及び身体の安全，母体の身体の安全性が想定されているため，人工妊娠中絶を合法化する規定はない。他方で，「堕胎罪」の規定（刑法212条～216条）によって，胎児は法的に保護され，たとえ医師であったとしても胎児を殺すことは，「業務上堕胎罪」（同法214条）に該当し，犯罪行為とされる。ただし，堕胎罪で処罰される者は皆無に近い。これは，特別法である母体保護法がかなり緩やかに適用されている現状に起因する。

母体保護法は，「妊娠の継続又は分娩が身体的又は経済的理由により母体の健康を著しく害するおそれのあるもの」（14条1項），「暴行若しくは脅迫によって又は抵抗若しくは拒絶することができない間に姦淫されて妊娠したもの」（同2項）と規定し，母体保護の観点から，堕胎行為の許容要件について，「医学的適応事由（身体的理由又は経済的理由による）」及び「倫理的適応事由」に限定する。しかし，実際は，「母体の健康を害するおそれがある」との条件を拡大解釈することによって，かなり多くの人工妊娠中絶が実施されていることが推測され，刑法の堕胎罪は形骸化しているのが実状である。

3．人の終焉に関わる問題

(1) 脳死と移植医療

従来から，人の死は，通常実務において伝統的に「三徴候」（呼吸と脈拍の不可逆的停止，瞳孔散大・対光反射の消失）による判定方法で医師が判断し，それが法的な死亡時刻とされてきた。ところが，近年に至り，生命維持装置による蘇生医療の発展に伴い，脳幹の機能を含む全脳機能の不可逆的停止により，脳機能が完全に失われている状態（全脳死説）であっても，かなりの時間，心肺を動かし続けることが可能になり，脳以外の身体を生きている状態に保つことで，直接死には結びつかなくなった。また，移植医療の発達により，臓器の供給を確保するために，死体から臓器をできるだけ早期に摘出したいという要請と結びつき，心臓が停止する前で，蘇生の可能性が低い「脳死」の時点をもっ

て「人の死」とすべきとの議論がなされてきた。ただし、脳死患者は、心臓の機能は正常に働いているため、このような状態を生命現象の終わりとして個体の死と認めることができるかどうかが焦点となった。

このような背景により、「臓器の移植に関する法律」（臓器移植法）では、移植医療の適正な実施に資することを目的に、臓器移植術に臓器を摘出する場合にのみ、脳死を人の死とみなし、年齢制限なく、死体からの臓器摘出を認めている。このとき医師は、①死亡した者が生存中に臓器を移植術に使用されるために提供する意思を書面により表示している、又は、②本人の意思が不明な場合であってもその旨の告知を受けた遺族が当該臓器の摘出を書面で承諾するとき又は遺族がいないこと、を確認しなければならない。ただし、これはあくまで移植を対象にした法律であり、脳死の判定法や法規定そのものを危惧する意見もある。

また、わが国では、脳死ドナーの不足という深刻な現実を背景に、臓器を提供する意思に併せて、親族に優先的に提供できる意思を書面により表示できるとした「親族優先提供」や親子間などで「生体移植」が行われている。臓器移植法は、臓器の摘出については、移植を行う医療機関の倫理審査委員会で調査や審査を厳格に行うことを必要とし、臓器提供や斡旋の対価として金銭などの授受を禁じて約束しただけでも5年以下の懲役又は500万円以下の罰金を科すとしているが、それでも不正防止は困難となっている。実際に、2006年9月に宇和島徳洲会病院で行われた生体腎移植で、1997年の同法施行後、初の逮捕者が出た。

（2）終末期医療

本来、医療は「生命の尊重」のために存在するものである。人工的に死の到来を支配することは、医療の基本理念に反し、「人間の尊厳」を侵害することにもなりかねない。患者の自己決定権に「治療を受ける権利」があるのは当然のことであるが、他方で、「人間としての人格、尊厳を保った状態で死を迎えたい」との考えの下では、延命一辺倒の医療を否定し、「治療を断る権利」があるとも考えられる。近年は、QOL（生活の質）の見地から、延命措置を拒否する患者が増加しているため、終末期において、①医師は医療行為を中止する

ことができるのか，②患者が激痛に苦しんでいる場合に苦痛を緩和するために生命を短縮する危険のある薬物を使用してもよいのか，③苦痛が除去できない場合，生命を短縮することは許されるのか，④仮に「治療の中止」や「安楽死」が許されるとすれば，その法的根拠と法的条件は何か，が課題となっている。

1) 安 楽 死

「安楽死」とは，不治の病に侵された末期の患者に，本人の希望に従って，医師等が苦痛のない方法で消極的あるいは積極的手段により安らかに死を迎えさせることをいう。もし，病者の自然の死期を早める場合には，殺人罪（刑法199条）又は嘱託殺人罪（同法202条）が成立し得るため，治療行為の中止による「消極的安楽死」を超えて，薬物投与などにより直接的に死に至らしめる「積極的安楽死」が許されるかどうかについては，意見が分かれている。しかし，安楽死は，患者の自己決定権を根拠に違法性が阻却されるとして，日本における安楽死に関する裁判例では，一定の要件を満たせば安楽死を認めるものとする。

例えば，医師が患者の家族から懇願されて，延命治療を中止し，さらに致死量の薬剤を用いて死亡させた「東海大学安楽死事件」（横浜地裁平成7年3月26日判夕877号148頁）では，医師は殺人罪で有罪となったが，医師による安楽死が許容される要件について詳細に検討している。判決では，生命の短縮にあたる「積極的安楽死」が許容される要件として，①患者が耐え難い肉体的苦痛に苦しんでいること，②患者は死が避けられず，その死期が迫っていること，③患者の肉体的苦痛を除去・緩和するために方法を尽くし，ほかに代替手段がないこと，④生命の短縮を承諾する患者の明示の意思表示があること，をあげる。ただし，これらはあくまでこの事例に特化したものにすぎず，安楽死は人が人を殺すという点で，法的にも倫理的にも合理性を持って認容するものではない。

2) 尊 厳 死

尊厳死は，いわゆる植物状態にある患者に対し，患者の正常時の意思表示である「リビング・ウイル」に基づいて，患者自らの望む形で「品位ある厳かな死」を迎えさせることである。安楽死が「患者を意味のない苦痛から解放す

る」意味合いをもつのに対して，「尊厳死」は，苦痛からの解放が問題とならない点で安楽死とは異なり，行為が生命維持治療の中止という「より消極的・受動的なもの」であるところに特徴がある。尊厳死の問題は，「死ぬ権利」の一種として，患者の生命に対する自己決定権及びそれに基づく治療拒否の思想と深く関わっている。

　患者の意思表示に関わる裁判として，宗教的心情から輸血を拒否することを明示して手術を受けた患者が輸血されたことにより，精神的苦痛を受けたとして医療機関に損害賠償を求めた「エホバの証人輸血拒否事件」（最判平成12年2月29日民集54巻2号58頁）では，「医師の裁量権より患者の人格権が優る」として，「患者の自己決定による死」を認めた。ただし，リビング・ウイルはあくまでも「事前の意思」にすぎず，植物状態に陥った場合には，撤回がほぼ不可能であることから，本人の意思を正しく反映できるかを疑問視する見解も存在する。そこで，近年，医療現場では，患者本人の意思の変化を確認できるよう，最後の迎え方を患者本人と家族，医師らが継続的に話し合う「アドバンス・ケア・プランニング」（ACP）の取組みが進んでいる。

第13章 刑事法

1. 刑法の機能と基本原則

(1) 刑法の機能

　刑法の機能には，「規制機能」と「社会秩序維持機能」がある。
　「規制機能」とは，犯罪に対する規範的評価を明らかにし，人の行為を規制する機能をいう。「規範」とは，「～してはならない」(禁止)，又は「～しなければならない」(命令)などの人に向けられた行動の基準ないし準則のことである。
　「社会秩序維持機能」とは，社会の秩序を維持することによって社会の発展に奉仕する機能をいい，①法益保護機能と②人権保障機能に分かれる。「法益」とは，例えば，人の生命・身体・自由・財産など，法によって保護されるべき，個人や社会にとって価値のある利益のことである。刑法には，これら法益が侵害されたり，危険にさらされることのないよう，国民の生活を脅かす犯罪者を処罰して国民の利益を守るべき機能が期待されている。「人権保障機能」は，刑法に明示されていること以外，国家は刑罰を科してはならず，国家の刑罰権の行使を制限して刑罰権の不当な行使から一般国民ないし犯罪者の人権を守る機能をいう。

(2) 罪刑法定主義
1) 意　義

　近代刑法の基本原則はいくつかあるが，なかでも最も重要なのが，「法律なければ刑罰なし」という標語で表現される「罪刑法定主義」である。いかなる行為が犯罪となり，この行為に対してどのような刑罰が科せられるかは，あらかじめ国会が制定する法律によって定められていなければならないとするもので，刑法の人権保障機能を担う大原則である。

罪刑法定主義は，日本国憲法の条文から根拠づけることができる。31条は，「何人も，法律の定める手続によらなければ，その生命若しくは自由を奪われ，又はその他の刑罰を科せられない」として，刑罰を科す手続きが法定され，その内容が適正であること（手続的デュー・プロセス），及び犯罪と刑罰について法定されその内容が適正であること（実体的デュー・プロセス）を規定し，「法の適正手続」を保障する。

2）内　　容
罪刑法定主義の内容には，形式的なものと実質的なものがある。

a）形式的内容
① **法律主義の原則**（日本国憲法31条）：犯罪と刑罰は成文の法律をもって定められなければならず，成文に根拠を持たない不明瞭な慣習法を認めない。
② **刑罰法規不遡及の原則**（事後法の禁止）（日本国憲法39条）：国民に対して行動の予想可能性を与えるために刑罰法規は，その施行時以後の犯罪に対してのみ適用され，施行前の行為に遡って適用されない。
③ **類推適用の禁止**：法律に規定のない事項について，これと類似の性質を有する別の事項に関する法律を適用することは，適正手続によらない法の創造にあたり，裁判官による事実上の立法になるため許されない。

b）実質的内容
① **明確性の原則**：どのような行為に対してどの程度の刑罰が科せられるかが具体的かつ明確に規定されていなければならない。
② **適正処罰の原則**：刑罰法規は，処罰する合理的な根拠のある行為のみを対象とし，かつ刑罰の重さは犯罪の重さと均衡のとれたものでなければならない。
③ **絶対的不定期刑の禁止**：刑の内容・期間を全く定めない刑罰は認められない。

2．犯罪の成立要件

(1) 行　　為
刑法において，犯罪が認められるためには，まず，「行為」（実行行為）がなければならない（行為主義）。「行為」は，「意思に基づく支配可能な身体の動

静」と定義され，人格や思想などは処罰の対象とはならない。また，行為を行うのは人に限られ，動物の行動などによる被害は犯罪とはならない。

(2) 構成要件

「構成要件」とは，個々の刑罰法規において犯罪として規定された行為の型・枠組みのことをいう。例えば，「人を殺した場合」は殺人罪（刑法199条，以下本章条文で特にことわりのないものは，刑法を指す）というように，個別的に法律上の犯罪類型が規定されている。現実の犯罪行為がこの構成要件に当てはまることを「構成要件該当性」という。構成要件該当性が犯罪の要件とされるのは，刑法に明記されていない行為の処罰を防止するためである。したがって，構成要件に該当しない行為は，いかに処罰されるべきものであっても，罪刑法定主義の原則に反するため，刑法上の犯罪とはなり得ない。

(3) 因果関係

犯罪には，行為の遂行だけで犯罪の完成する「挙動犯」と，行為のほかに結果の惹起を必要とする「結果犯」がある。結果犯の場合には，行為と発生した結果との間に一定の原因―結果の関係がなければならず，これを「因果関係」という。因果関係は，「その行為がなかったならば，その結果は生じなかったであろう」という「条件関係」を前提とし，社会生活上の経験に照らして，その行為から結果の生ずることが相当であると解する立場（相当因果関係説）が通説となっている。

(4) 違法性

「違法」とは，社会的相当性を逸脱した法益侵害・危険をいう。犯罪は，「違法性を備えた行為（可罰的違法性）」である。なお，行為時に特殊な事情が存在し，構成要件に該当していても適法となる場合がある。このような事情を「違法性阻却事由」と呼ぶ。法令又は正当な業務による行為（35条）のように，すでに通常の事態において他者の法益を侵害することが許容されている「一般的正当行為」と，正当防衛（36条）や緊急避難（37条）のように，自己又は他人の法益に切迫した危険からこれを擁護するために他者の法益を侵害する「緊急

行為」がある.

1) 一般的正当行為
a) 法令又は正当な業務による行為
　法律などに基づいて権利・義務として行われる行為をいう。医師による医療行為のように，社会生活上認められた「業務」としてなされる行為を指し，これらの場合には，例えば，傷害罪に該当する行為（医師による手術の執刀や看護師による静脈注射など）であったとしても，違法性を欠くとされる。

2) 緊 急 行 為
a) 正当防衛
　違法な攻撃者に対抗して，自己又は他人の正当な権利を防衛するためにやむを得ずにした行為をいう。要件として，①急迫不正の侵害に対するもの，②自己又は他人の権利を防衛するための行為であること，③やむを得ずになした行為であること，④正当防衛の意思があること，を満たすことが必要である。

b) 緊急避難
　自己又は他人の生命・身体・自由・財産に何らかの危険が差し迫ったときに，第三者を犠牲にすることによって危険から逃れるためにやむを得ずにした行為をいう。避難行為は，必要最小限度のものでなければならず，それ以外にとるべき方法がないことが要求される。また，避難行為から生じた害が避けようとした害の程度を超えないことが要件とされる。

(5) 責　　任
　犯罪が成立するためには，構成要件に該当する違法行為について，行為者に「責任」があることが必要である。「責任」とは，行為者を道義的に非難できる非難可能性をいう。①責任能力，②故意・過失，③期待可能性の3つの要件を充足することが必要とされ，いずれかが欠けると犯罪は不成立となる。

1) 責 任 能 力 (39条・41条)
　「責任能力」とは，刑法の規範を理解し，かつ，行為の違法性を認識してそれに応じて意思決定・行動の制御ができる能力をいう。心神喪失者（39条1項）及び14歳未満の刑事未成年者（41条）は責任能力を全く欠く責任無能力者として，罰せられない。心神耗弱者（39条2項）は，極めて弱い能力しか有しな

い限定責任無能力者であり，犯罪の成立は認められるが，刑は必ず減刑される。

2）故意・過失

行為者に非難を加えるためには，行為の際に行為者に「故意」又は「過失」があったことが必要である。「故意」とは，犯罪となる事実を認識しつつ，あえて行為に出る心理状態をいう。「過失」は，不注意な心理状態のことをいう。結果の発生との関係で不注意な心理状態があったといえるためには，結果の発生を予見でき（予見可能性），かつ回避できたこと（回避可能性）が必要である。故意による行為は，過失による行為に比べて重く処罰される。なお，実際には，結果の発生そのものの認識が不確定な「未必の故意」と，犯罪事実の認識はあるが，認容を欠く「認識ある過失」の区別のように，相当な困難を伴うケースもある。

3）期待可能性

「期待可能性」とは，行為当時の具体的事情の下で行為者に犯罪行為を避けて適法行為を成し得たであろうと期待できることをいう。行為者が責任能力者であって，故意又は過失があっても，期待可能性がない場合には，責任非難を加えることはできない。ただし，これまでの最高裁判所の判例には，期待可能性の不存在を理由に行為者を無罪にしたものはない。

3．現行の刑罰制度

(1) 刑罰の機能

刑罰の本質的内容は，犯罪者に対する一定の法益剥奪であるが，刑罰も一つの法制度である以上，一定の目的が認められてはじめてその存在意義を肯定できる。刑罰の本質は，犯罪者の有害な結果について責任追及するために，国家の手によって現実に処罰されることにより，被害者や社会一般の応報感情が充足され，あるいは鎮静化される「応報刑論」と，将来の犯罪を予防するために，刑罰によって犯罪者を改善し，社会復帰させることを目的とする「教育刑論」に分かれる。また，刑罰は，犯罪が行われたから，そして，犯罪が行われないために科されるものである。そのために，刑罰には，あらかじめ犯罪に対する刑罰を国民に対して予告することによって，広く社会一般に対する将来への犯罪抑止を求める「一般予防」の機能と，犯罪者を隔離ないし改善更生する

ことによって，その犯罪者が再び罪を犯さないよう将来の犯罪を予防しようとする「特別予防」の機能を有する。すなわち，刑罰は，犯罪に対する非難を根拠として科される制裁を指し，応報刑の範囲内で一般予防と特別予防を目的とする（相対的応報刑）。

（2）刑罰の種類

　現行刑法により，刑罰として科すことが認められているものは，9条に列挙され，生命刑としての死刑，自由刑としての懲役・禁錮・拘留，財産刑としての罰金・科料・没収の7種を規定する。

1）生　命　刑

　死刑は，犯罪者の生命を奪うことを内容とする刑罰であり，法務大臣の命令によって，判決確定後6か月以内に刑事施設内の刑場で絞首により執行されるよう義務付けられている（11条1項，刑事訴訟法475条，刑事収容施設法178条）。

　死刑は，人の生命を奪う最も厳しい刑罰であることから，死刑廃止については古くから議論されてきた。世界的にみても死刑制度は廃止される方向にあり，1989年の国連総会において，「市民的及び政治的権利に関する国際人権規約」（自由権規約）の「第二議定書」（死刑廃止条約）が採択され，1991年に発効した（なお，わが国は自由権規約については批准しているが，第二議定書は批准していない）。また，EU加盟国ではすべて死刑を廃止し，新たな加盟希望国に対しても死刑廃止を加盟条件の一つにしている。

　わが国でも，超党派で構成された「死刑廃止を推進する議員連盟」（1994年発足，略称は死刑廃止議連）や「量刑制度を考える超党派の会」（2008年発足，略称は量刑議連），日本弁護士連合会（日弁連）が死刑廃止運動を展開している。しかし，判例・通説は一貫して死刑制度の合憲性を認める。日本国憲法下では，絞首刑が公務員による残虐な刑罰の禁止規定（36条）に違反するかが争われた事案において，最高裁は，日本国憲法は，生命を奪う刑罰があることを予定しており（31条），死刑が直ちに「残虐な刑罰」とはいえないことから，死刑制度は憲法に違反しないと判示した（最大昭和23年3月12日刑集2巻3号191頁）。また，永山事件判決（最判昭和58年7月8日刑集37巻6号609頁）では，死刑の選択基準に関し，①犯行の罪質，②犯行の動機，③犯行の態様（ことに殺

害の手段方法の執拗性・残虐性)，④結果の重大性（ことに殺害された被害者の数)，⑤遺族の被害感情，⑥社会的影響，⑦犯人の年齢，⑧前科，⑨犯行後の情状，などを併せて考慮し，罪責が重大であって，罪刑の均衡の見地及び一般予防の見地からも極刑がやむを得ないと認められる場合には，死刑の選択も許されると判示している。

　一方で，死刑廃止の立場からは，死刑を廃止するのであれば，現在死刑が言い渡されているような重罪を犯した者に見合う代替手段として，新しい刑罰を検討する必要がある，と主張している。この点で，議論されているのが「終身刑」である。終身刑には，仮釈放を認めない「絶対的終身刑」と，仮釈放を認める「相対的終身刑」の2種類がある。

　前述の死刑廃止議連は，死刑の代替策として仮釈放を伴わない重無期刑の創設を企図した「重無期刑の創設及び死刑制度調査会の設置に関する法律案」を公表し，また，量刑議連は，終身刑を規定する「刑法等の一部を改正する法律案」を作成したが，いずれも国会への提出には至らなかった。日弁連は，2016年に開催された人権擁護大会で，2020年までに死刑制度の廃止を含む刑罰制度全体の改革を求める宣言を賛成多数で可決した。

　このように，代替案も含め，死刑廃止運動は活発ではあるが，わが国で死刑廃止が直ちに実現する可能性は低いといえよう。

2）自由刑

　自由刑は，刑事施設に拘禁することによって犯罪者の自由を奪う刑罰である。

　懲役と禁錮は，定役（強制作業）の有無によって区別される。懲役の場合は，所定の作業に服する義務があり（12条)，禁錮の場合は拘禁のみが刑罰の内容となっている（13条)。刑期については区別がなく，無期又は1月以上15年以下の有期の場合がある。拘留は1月未満とされている。

3）財産刑

　財産刑は，犯罪者から金銭その他の財産を剥奪する刑罰である。独立に科すことのできる主刑としての罰金・科料と，独立に科すことのできない付加刑としての没収がある。罰金と科料は，ともに一定額の金銭の剥奪を内容とする刑罰であるが，その区別は，剥奪される金銭の額による。罰金は1万円以上であ

り，千円以上1万円未満の場合が科料（15条・17条）である。付加刑としての没収とは，犯罪行為に関連する特定の物件を犯罪者その他の者から取り上げて国庫に帰属させる処分をいう（19条）。なお，没収すべきものがすでに消費されていたり，紛失して没収できない場合は，その代わりに一定の金額を国庫に納付するように命じることができる。これを追徴という（19条の2）。

　財産刑については，罰金刑のように行為者から一定額の金銭を剥奪する場合には，①年収の違いなどの経済状態によって不公平感を招き，財産的苦痛に差が生じる可能性があること，②一身専属的な刑罰ではなく，第三者が罰金を納付することなどにより，刑罰として機能しない可能性があること，などの問題点が指摘されている。これに対して，罰金の執行猶予や，ドイツなどで導入されている「日数罰金制」（罰金を日数でもって言い渡し，1日分の額については行為者の資力を考慮して判断する），自由労働による償却，などの議論がなされている。

第14章 紛争解決

1. 公的な紛争解決方法の必要性

　現在の日本において，市民間で権利義務や法律関係について紛争が生じた場合，実力行使によって解決を図ること（自力救済）は禁止されている。これに反して実力行使に出た場合，強要罪や窃盗罪，強盗罪などの刑事罰を科せられるおそれがある。そこで，国家が市民間の紛争について実力行使を禁止する代わりに各市民がその権利の実現を公的に可能とするために民事訴訟制度などの紛争解決方法が用意されている。

　以下，わが国における民事訴訟制度を中心とした紛争解決手段のうち，主に利用頻度の高いものから順次説明していく。

2. 裁判所の種類

　日本には，最高裁判所が1か所，高等裁判所が8か所，地方裁判所及び家庭裁判所が各都道府県の県庁所在地に，簡易裁判所は各都道府県の一定の地域ごとにそれぞれ設置されている。

　最高裁判所は，法令が日本国憲法に適合しているかどうかなどの憲法判断や，高等裁判所以下の下級裁判所の判決が最高裁判所の裁判例（判例）に反していないかどうかなどの審理を行う。

　地方裁判所は，民事訴訟の第一審の審理を行う。地方裁判所の判決に不服のある当事者は，高等裁判所に対して控訴することができ，高等裁判所の判決に不服のある当事者は，最高裁判所に上告（又は上告受理の申立て）をすることができる。

　家庭裁判所は，民事訴訟のうち離婚や親子関係など家庭に関する訴訟の審理や家庭に関する紛争の調停等を行い，家庭裁判所の判決に対して不服のある当事者は地方裁判所と同様の流れで控訴・上告（又は上告受理の申立て）をする

ことができる。

　簡易裁判所は，地方裁判所で扱う訴訟のうち，訴訟の目的物の価額が一定の金額以下の比較的簡易な事案の訴訟や，家庭に関すること以外の民事に関する調停等の審理を行う。

3．地方裁判所における審理の概要

　民事訴訟制度の最もスタンダードな地方裁判所における審理の流れを説明する。その上で，地方裁判所での審理の流れと比較する形で他の裁判所における訴訟手続き等を説明する。

(1) 訴訟提起に向けた準備活動

　わが国の民事訴訟では，当事者が自らの判断で裁判所に審理を求める内容を決定する必要があり，これを処分権主義と呼ぶ。そのため，まず審理を求める内容，すなわちどのような請求を相手方にするのかを特定する必要がある。例えば，貸したお金300万円の返還を求める，特定の土地の所有権を有することの確認を求めるなどである。

　審理を求める内容が決まれば，その請求を根拠付ける事実の特定と当該事実を裏付ける証拠の収集を行う。証拠には，書類等の物的証拠と証言による人的証拠がある。例えば，貸金返還請求を行う場合，お金を交付した事実及び当該お金を返還する旨の合意があった事実が請求を根拠付ける事実となり（主要事実という），当該事実を裏付ける証拠は主に借用証書となる。

(2) 訴状一式の裁判所への提出（提訴）

　民事訴訟法で定められた形式に沿って特定した請求内容やその根拠事実等を記載して訴状を作成し，証拠書類とともに当該審理を担当する裁判所（管轄裁判所）に提出する。その際，請求内容に応じて所定の収入印紙及び郵券（郵便切手）を納める。この書類の提出を一般的に提訴と呼び，裁判所の窓口で手渡す方法と郵送する方法とがある。

　提出された訴状等一式の写しが被告となる相手方に裁判所から送付されることになる。それによって，相手方は自分が提訴されたことを知ることになる。

提訴した方を原告，提訴された相手方を被告と呼ぶ。刑事訴訟の被告人という呼び方と区別する必要がある。

(3) 第1回口頭弁論期日の指定

裁判所での1回目の審理の日を第1回口頭弁論期日という。提訴後に裁判所から指定される。一般的には，提訴した原告の予定を確認した上で裁判所が指定する。これは，原告は第1回口頭弁論期日に必ず出廷の上，訴状の陳述をしなければならないからである。

(4) 被告の答弁書提出

被告は第1回口頭弁論期日に出廷して訴状に対する反論書となる答弁書の陳述を行わなければならない。しかしながら，第1回口頭弁論期日は被告の予定を考慮せずに裁判所から指定されるため，必ずしも被告は出廷できるとは限らない。そこで，被告は第1回口頭弁論期日前に答弁書を裁判所に提出していれば，第1回口頭弁論期日に欠席しても，出廷して当該答弁書を陳述したものとみなしてもらえる。これを答弁書の擬制陳述という。

(5) 第1回口頭弁論期日の開催

第1回口頭弁論期日は，公開の法廷において行われ，原告が訴状を陳述し，被告は答弁書を陳述する。裁判官は，双方の主張を踏まえて，今後の審理の計画を立て，審理を続行するのかどうか，続行する場合はどのような手続きを今後行うのかを当事者に伝え，訴訟手続きを進めていく。その際，主張すべき事実の補充や証拠の提出等を当事者に指示することもあり，これを訴訟指揮という。

(6) 次回以降の手続期日の指定等

第1回口頭弁論期日以降，どのような手続きを行うのかはその審理内容によって異なる。第1回口頭弁論期日と同様に公開の法廷で審理を行う口頭弁論期日，法廷以外の非公開の部屋で主に争点の整理を行う弁論準備手続期日等が指定される。

（7）証拠調べ手続（証人尋問・当事者本人尋問）

　証人尋問や当事者本人尋問等を行う手続きのことである。

　証人尋問とは，訴訟当事者（原告又は被告）以外の第三者に証人として訴訟の争点となっている事実について法廷で証言してもらう手続で，当事者本人尋問とは訴訟当事者（原告又は被告）本人に同様に法廷で陳述してもらう手続きである。

　証人が記憶と異なる証言を故意に行った場合，偽証罪による刑事罰に問われる場合がある。一方，当事者本人が記憶と異なる陳述を故意に行った場合，過料の制裁（行政罰）にとどまる。このように，証人と当事者本人とでは異なるため，証人の場合を証言，当事者本人の場合を陳述と区別しているのである。

（8）その他の証拠調べの方法

　証人尋問や当事者本人尋問以外に，鑑定，検証及び証拠保全といった手続きが存在する。

　鑑定は，専門家による評価であり，土地の価格の評価や医学的見地からの評価，筆跡の評価等が行われる。検証は，証拠物の状態が現状どのようになっているのかを確認するものであり，建築訴訟での欠陥住宅とされる建物の状態を確認したりする場合に行われる。証拠保全は，訴訟提起までの間に証拠となるべき書類や証拠物が散逸したり滅失毀損したりするおそれがある場合，訴え提起前にあらかじめ証拠を確保する手続きである。

（9）結審・判決言渡し

　弁論準備手続きや証拠調べ手続を経て，審理が尽くされた段階で審理は裁判官の訴訟指揮によって終結する。これを結審という。結審すると，それ以降は主張や立証はできなくなる。結審されると，後日，公開の法廷で裁判官が判決文を朗読する。これが判決の言渡しである。通常は，判決主文のみを読み上げ，判決理由の読み上げは割愛される。

　これによって，当事者間に存在した紛争は裁判所の判断を経ることによって一定の解決が図られることになる。ただし，判決に不服がある当事者は控訴・上告することができるし，判決に従わない当事者に対しては，強制執行の手続

きを経て，判決内容を強制的に実現させることもできる。

4．簡易裁判所の手続き

　主に，訴額が140万円以下で比較的事案が簡明な民事訴訟の審理，少額訴訟の審理，民事調停が簡易裁判所において行われている。

(1) 簡易裁判所における民事訴訟の審理

　基本的な流れは通常の地方裁判所の場合と同じであるが，第1回口頭弁論期日以降の口頭弁論期日においても擬制陳述が可能であること，弁護士以外の者でも当事者本人の代理が可能であること，裁判所が選任する司法委員が和解協議に関与すること，簡易裁判所の判決に対する控訴は地方裁判所に対して行うことなどが異なる点である。

(2) 少額訴訟

　訴額が30万円以下の金銭をめぐる紛争で，1日で結審して判決の言渡しまで行われる手続きである。1日で結審することから，取調べ可能な証拠に一定の制限があり，主に書証（書類の証拠）が主となる。

(3) 民事調停

　離婚や相続といった家庭裁判所で行われる調停以外の調停は簡易裁判所で行われ，その内容は多岐に及ぶ。紛争当事者間だけでの話し合いが困難な場合，簡易裁判所に選任された民事調停委員及び裁判官で構成された調停委員会を通して紛争の解決を行うものである。あくまでも紛争当事者の話し合いを裁判所が調停委員を通じて助力するという手続きであることから，当事者間の感情的対立があまりにも激しすぎる場合，民事調停によって解決することは困難である。

5．家庭裁判所の手続き

（1）主な役割

　家庭裁判所においては，主に家庭に関する紛争や遺産に関する紛争，高齢者等の権利保護のための手続きなどを扱っている。

　家庭に関する紛争とは，具体的には，夫婦関係調整調停（いわゆる離婚調停），婚姻費用（婚姻中の生活費）や面会交流に関する調停，離婚訴訟等があげられる。遺産に関する紛争の大半は遺産分割調停であり，高齢者等の権利保護のための手続きとは，成年後見人の選任やその監督等である。

　ここでは，家庭裁判所における紛争解決手段の中心である家事調停手続についてその概略を説明する。

（2）家事調停手続の流れ

　家事調停手続とは，紛争当事者同士での話し合いが困難な場合に家庭裁判所が選任した家事調停委員が間に入って家庭裁判所内で話し合いを行う手続きである。家事調停を申し立てた者を申立人，申し立てられた者を相手方という。

　一般的な訴訟の場合と同様に，家庭裁判所にて解決を希望する紛争当事者が所定の手数料（通常は収入印紙にて納める）を添えて申立書と必要な資料を提出し，受理されることで家事調停は始まる。

　申立書を受理した家庭裁判所は，調停期日を指定するとともに，家事調停手続をサポートする家事調停委員を選任する。調停期日とは，家庭裁判所において実際に話し合いが行われる日時のことである。家事調停委員は，一般的には男女1名ずつ計2名選任されることが多く，公正中立な立場から紛争の解決のためのサポートを行う。

　1回目の調停期日（おおむね2時間程度）においては，まず申立人からその主張や事情を具体的にヒアリングし，次いで相手方からその主張や反論，事情をヒアリングする。この繰り返しを行い，1回目の調停期日にて話し合いがまとまらなければ，別の日時に調停期日を続行することになる。その間，紛争当事者は，話し合いによる解決を目指して，それに必要な書面や資料を提出することになる。

話し合いがまとまれば，その合意内容を条項ごとに分けて調停調書に記し，紛争当事者に裁判官が読み上げて終了ということになる。調停調書に記載されると，その記載内容は確定判決と同じ効力を有するので，例えば金銭を支払う条項がある場合，その支払を怠れば給与や預金の差押え等の強制執行を受けることになる。

　また，話し合いを進めたが当事者の主張に大きな隔たりがあり，合意に至らなかった場合，家事調停手続は不成立となる。その場合，何も決まらずに手続きは終了し，さらなる解決を望む者が訴訟手続等を独自にとることになる。ただし，不成立となった場合でも，婚姻費用や面会交流に関する調停等家事事件手続法で規定された一定の事件類型については，審判手続に移行し，家事審判官（裁判官）が審判によって決めることになる。

第Ⅱ部 憲法

第15章 憲法の性質

1. 異文化としての憲法

　ふだん法律にあまり接することのない人でも、「刑法」と聞けば犯罪や刑罰、「商法」なら商行為に関係する法律だろうかとおよその見当はつく。「銀行法」や「学校教育法」なら、内容は法律の名が語っているとおりである。法の名はその内容を示しているのである。

　では、「憲法」はどうだろう。憲法という語は、多くの人が知っている。ひょっとすると法の中では一番有名なものかもしれない。では、憲法という語はどのような内容を示しているのだろうか。刑法が「刑」についての法なら、憲法は「憲」についての法であるはずだが、「憲」とは何か。その意味がすぐわかる人はそう多くないだろう。

　日本では古代に聖徳太子の作と伝えられる「十七条の憲法」、江戸期には「憲法類集」「憲法部類」のような法例集に「憲法」の語を用いた事例が知られている。しかしこれらは、前者は官吏への訓戒、後者は先例の集成であって、国家権力を制限して人権を守ろうとする近代憲法とは全くの別物である。「憲法」の語は、ここでは「立派な法」「厳粛な法」という法の美称にすぎない。現代使われる「憲法」の語は、明治以降の西欧概念の訳語である（p.107参照）。

　憲法が国の最高法規だということはよく知られているが、それほど重要な法なら、なぜその名から内容が理解できないのだろうか。

　現代ではほとんどの国に憲法があるので、法のあるところには必ず憲法が生まれたように思いがちであるが、実は近代憲法は西欧でのみ生まれ、他の世界では発生しなかった。インド世界、中国世界、アラビア世界などは法システムを高度に発達させたが、ついに憲法を生むことはなかった。東アジアの日本という社会の歴史にも憲法はなかった。憲法の意味がすぐに理解されないのは無理もないのである。

日本の法伝統は，朝鮮半島，越南(えつなん)（ベトナム）などと同様に中国法の世界で育まれたのであり，中国法は，律令という巨大な法典を発達させた高度な法文化であったが，権利概念や憲法という発想を持つことはなかった。律令は皇帝の威令を広大な帝国のすみずみにまで徹底し，これに背くものには律（刑事法）の刑罰をもって対処するという性質の法文化であって，民にはこれに従う義務と責任だけが法定される。民に権利などはあり得ないのである。

　一方，西欧法の法伝統はローマ法に始まっている。都市国家にすぎなかったローマが，地中海全域を支配する大帝国に成長するにあたっては，ローマ，諸王国，属領など言語も法慣習も異なる地域間での交易が活発化することに対処する必要があった。こうして都市ローマの市民法は，他地域にも適用される万民法へと広がり，交易のトラブルに対応する取引法から権利概念を発達させた。ここから西欧法では最大の法典「民法」が生まれ，さらに近代になると権利は，私的な関係の中だけでなく，憲法によって国家権力からも守られるものとなった。

　民の権利や憲法という制度は，弱い者を権力の専制から守るという重要性を認められたからこそ西欧以外の世界にも受け入れられた。しかし東アジアでは，権利や憲法という観念は歴史の中で体にしみこんだものではない。憲法という訳語だけをみても法の内容がよくわからないことが示しているように，その大切さは私たちには何となく自然にわかるものではなく，ひとつの異文化として意識的に学び，理解する必要がある。

　人権について，日本国憲法97条は，それは天から降ってきたのではなく，「人類の多年にわたる自由獲得の努力の成果」なのだと自覚をうながす。また12条は，人権は何もしなくても守られているのではなく，「国民の不断の努力によつて，これを保持しなければならない」と警告する。たしかに信教の自由ひとつを取っても，それはおびただしい流血の宗教戦争の結果獲得された理念なのであり，条文の文字を読めば理解できるものではない。憲法や権利を大切に思うなら，それを直観や皮膚感覚ではわからない異文化として意識し，ていねいに学ぶ必要があるのである。

2．憲法の誕生

　西欧の「権利の体系」と呼ばれる法秩序と，これに対して「義務の体系」といわれる東アジアの法秩序は，それぞれ異なったやり方で法を発達させたが，13世紀，当時西欧の辺境であったイギリスで驚くべき出来事が起こった。下級の貴族領主が連合して国王と交渉し，マグナカルタの名で知られる特許状で，王権の制限を得ることに成功したのである。

　それまで世界のどの地域でも，中国法のように上位権力の下位に対する優位は絶対であった。ところがここに全人類の歴史上はじめて，最上位権力である王権を，下位の勢力が制限するという事態が実現したのである。王権そのものを反乱によって滅ぼすことはそれまでにもあったが，王権を維持しながら国の枠組みの中で，王権を制限して下位の勢力の権利を実現したことは驚くべきことであった。マグナカルタこそは，王と貴族の権力争いでこそあれ，国家権力を制限するという近代憲法の発生を告げる事件だったのである。

　事実，17世紀のイギリス市民革命では，「権利請願」「権利章典」はマグナカルタを根拠の一つとし，これらは世界初の近代憲法であるイギリスの不文憲法を構成した。国家権力を制限することによって市民の権利を守るというイギリス生まれのアイディアは，翌18世紀には海を渡り，アメリカ独立革命，フランス革命によって両国に近代憲法をもたらした。

　専制的な皇帝や国王の抑圧に対しては服従か反乱かの選択しかなかった国民に，近代憲法は国家権力を制限して権利を守るという第三の道を開いた。憲法に「信教の自由」を規定することで，ローマ教皇の支配からも自由になった。この全人類にとって画期的な法は，欧米にとどまらず，19世紀にはユーラシア大陸の反対側の日本にまで到達して，アジア初の近代憲法「明治憲法」（大日本帝国憲法）を生んだのである。

　憲法の誕生がそのまま憲法の完成ではなかったことはいうまでもない。平等ひとつをとっても，18世紀フランスではそれは白人キリスト教徒成人男性の平等であった。有色人種や異教徒，子どもや女性は含まれていなかったのである。人種差別，性差別などについては，国際条約によって差別解消へ向けて進展があったが，今なお十分でないことはよく知られている。20世紀も終わろ

うとする1990年になって，ようやく子どもの権利条約が国連で採択され，日本は1994年に批准したことをみても，憲法の理念は条文に固着しているのではなく，今も生きて発展を続けていることがわかる。

3．明治憲法の成立

　維新後の明治政府は，王政復古と号して統治を武家以前のスタイルに戻そうとした。くずし字の公文書を中国風の楷書体に変更し，変革期の混乱を収拾するため，刑法を法秩序の中心とする律令法の伝統にしたがって，まず律形式の刑法典を立法した。明治初期は中国法化の時代だったのである。

　しかし一方で政府は，西欧によってアジアの大半が植民地化していることを深刻に警戒しており，欧米諸国との不平等条約を改正して主権国家への道を開くという課題に直面していた。条約改正は国内の欧米人を日本法の下に置くことになるが，当時の中国法や日本法には個人の権利を守るという観念がなく，江戸時代以来の不衛生な牢屋と残酷な拷問ひとつをとっても，到底欧米が改正交渉を認める状態ではなかった。急いで法制を欧米式のものに切り替える必要があった。その欧米式法制の中心が憲法であった。

　英仏語でConstitution，独語でVerfassungというその法は，日本の法伝統にも中国にもなく，これにあたる日本語も漢語も存在しなかった。Criminal Lawなら中国の刑律にあたるものとして理解できた当時の法律家も，全く未知の法は理解できなかった。単にその領域の法知識がなかっただけでなく，法原理そのものが未知だったのである。民に権利があり，それを守るために国家権力を制限するという発想は，東アジアだけでなく，欧米以外，世界のどこにも存在しなかった。

　Constitutionは明治初期には学者や官僚が知るだけであったが，反政府運動である自由民権運動による憲法制定要求によって，農村の知識人にも知られるようになった。自由党関係者などによる憲法草案だけでなく，関東の山間部である多摩地方の土蔵から発見された「五日市憲法草案」のように，さまざまな地域で私擬憲法（私的憲法草案）がつくられた。この時期には，民の側から国を構想することもあり得たのである。

　これに対し，政府は自由民権運動に歯止めをかけ，あわせて条約改正のため

法を西洋化する一環として、憲法を制定することを決定した。数々の私擬憲法は無視され、英法派（君臨すれども統治せず）や仏法派（自由平等博愛）の議論も採用されず、フランスとの戦争に勝利してドイツ統一を達成した、強力王権のプロイセンの憲法をモデルとして明治憲法（大日本帝国憲法）がつくられた。

明治憲法の特色は、大日本帝国を統治するのは天皇であると定め、国民は臣民として定められ、あくまで王権に服する家臣としての民と位置付けたことである。天皇は統治権を全面的に保持し、全軍を掌握し、三権分立も、立法・行政は内閣と帝国議会が天皇の権力行使を補佐するものとされ、司法は天皇の名において裁判所が行うとされた。

臣民に憲法上の権利が非欧米世界で初めて認められたことは画期的であった。英米仏などでは、この権利は王権や憲法によって与えられたのではなく、不可侵の人権として民にあるものを憲法が確認したという形をとっている。明治憲法では、臣民の権利は法律によって制限され得るものであり、不可侵の人権ではなかった。

しかし、だからといって明治憲法は近代憲法の名に値しないとはいえない。明治憲法制定会議の枢密院で次のような議論があった。

文部大臣森有礼（ありのり）は、人民にあるのは天皇に対する責任だけで、権利ではない、と発言したのに対し、憲法制定の責任者伊藤博文（欧州で憲法を学んだ）はこう答えた。そもそも憲法を創設する趣旨は、第一に君主権を制限し、第二に臣民の権利を保護することにある。もし憲法に臣民の権利を列記せず、ただ責任だけを記載するのなら、憲法を設ける必要はない。憲法から権利義務を除いてしまえば、憲法は人民の保護者であることはできない。

君主権を制限する、憲法は人民の保護者という伊藤の理解は、国家権力を制限することによって民の権利を守るという近代憲法の理念を示している。昭和初期の天皇機関説事件のような天皇の権力を絶対視する考え方は、伊藤の採るところではなかったのである。

4．民主的日本国憲法の成立

1930年アメリカ発の世界恐慌は経済のグローバル化が進んだ資本主義諸国すべてに大打撃を与えた。資金力のあった英米などの先進諸国は保護主義に転

換して自国と植民地を守ったが，ともに19世紀後半に遅れて国民国家として出発し，資力の貧弱な日本，イタリア，ドイツの三国は領土と植民地の獲得に走ってファシズム国家となり，第二次世界大戦の敗者となった。

　1945年，連合国の占領，実質的にはアメリカの日本占領が始まり，まず占領の基本方針が発表されて，台湾や朝鮮半島などの主権否定，日本軍の完全な武装解除と軍国主義の抑圧などと並んで，国民の自由化，議会制の民主化があげられた。その翌月には明治憲法改正がGHQ（連合軍最高司令部）から日本政府に示唆された。

　政府はすぐに改正作業にあたる委員会を発足させたが，GHQの求める自由化や民主化は天皇主権の弱体化や否定につながる。天皇に命じられた政府としてそれはできないが，占領軍の意向は無視できない。この矛盾の中で委員会は，明治憲法の用語を部分変更して表面上改正を行い，その骨子は守ろうとした。例えば第3条の「天皇ハ神聖ニシテ侵スヘカラス」を「至尊ニシテ」と変更するのがそれで，肝心の「侵スヘカラス」という天皇に責任は問えないという部分は残すのである。政府方針は面従腹背であった。

　憲法改正は一般にも強い関心を集め，新聞，政党，学者などのいくつもの試案が公表された。なかには共和制を目指すものなど，さまざまな案があった。しかし，明治憲法制定の折の私擬憲法と同じく，本当はできるだけ明治憲法を変更したくない政府は，これらの諸案を採り入れることはなかった。

　3か月以上委員会の作業は続けられたが，その内容が新聞を経由してGHQの知るところとなった。GHQは，自由化民主化にはほど遠い日本政府案を受け入れず，司令部内民政局での草案作成作業へと方針を転換した。

　民政局は結果的にわずか9日間で草案を作成した。起草チームの責任者ケーディス大佐（当時）は40年以上後に，政治学者五百旗頭　真（いおきべまこと）らの聞き取りに答えて，「憲法研究会案と尾崎行雄の憲法懇談会案は，私たちにとって大変に参考になりました。実際これがなければ，あのように短い期間に草案を書き上げることは不可能でした」と語っている。憲法研究会案と憲法懇談会案はともに1945年12月に出された民間草案である。

　学者たちの民間草案は，皮肉なことに日本政府には無視されたが，GHQによって日本国憲法に取り入れられたのである。日本国憲法25条の生存権は当

時新しい考え方であり,「すべて国民は,健康で文化的な最低限度の生活を営む権利を有する」と定められている一方で,憲法研究会案には,「国民ハ健康ニシテ文化的水準ノ生活ヲ営ム権利ヲ有ス」という条項がある。また24条のような家庭生活における女性の平等規定は,女性起草者ベアテ・シロタ・ゴードンの創意によるものであることがわかっている。

　日本国憲法の特色は,はじめて国民が国の主権者であると定めたこと,国民の人権を,法律や命令で制限できない永久不可侵の権利としたこと,戦争を放棄し平和主義を明言したことである。日本国民はこの憲法を手にしたことによって,人類の長い歴史から生まれた知恵のひとつを受け継いだ。

　日本国憲法で特に大切なのは,憲法の法としての基本的機能が一般の法令とは正反対であることを理解することである。例えば刑法は,国民に対して罪を犯すなと命令し,税法は税を納めよと命令する。もちろん権利を守るための法令も数多くあるが,法令は国家による国民に対する規制である。これに対し,日本国憲法は国民の人権を守るために国家や政府の権力を規制する。国は言論や思想,信教の自由などを侵害してはならない,というように。つまり憲法だけが国家権力を規制することのできる国民の命綱なのであり,一般の法令とは違う性質を持っていることを,私たちは常に意識する必要があるのである。

第16章 国民主権と人権

1. 国民主権

　主権とは、国民と領土を統治する国家が、外部（皇帝や教皇、宗主国、他国など）からの干渉を受けない、自国についての最高権をいう。欧州で中世の終わる絶対王政期に、イギリスが、次いでフランスがローマ教皇や神聖ローマ皇帝の支配を脱して主権国家となった。これらの国では、国王は誰かに任命されたり、地位を否定されたりすることがないだけでなく、国内問題について外部から干渉されることもなくなった。

　他国に従属する属国や植民地には主権があるとはいえない。明治期の日本は不平等条約国であり、他国との貿易で関税を決められないばかりか、外国人の犯罪にも対処できないようでは、これも主権国家とはいえない。現代では、すべての国に主権があるように考えられるが、当初、主権国家と考えられたのはごく一部の先進国だけであった。日本が条約改正に成功して主権を認められるのは、日清・日露戦争に勝利し、領土を拡張した20世紀初頭のことである。

　主権は対外的には国の独立性に関わるが、国内的には主権が誰にあるかによって政体を分類する。主権を持つのが国王であれば君主制（王制）国家であり、国民であれば民主制（共和制）国家である。しかしこの区分は単純ではなく、イギリスのように王国でありながら実際には民主制（立憲君主制）の国もあれば、国名には共和国とあっても実際には専制的な統治が行われている場合もある。

　日本国憲法は前文で、「主権が国民に存することを宣言」すると述べ、第1条に「天皇は、日本国の象徴であり、日本国民統合の象徴であつて、この地位は、主権の存する日本国民の総意に基く」と定めて、日本国の主権は国民にあることを明言している。

　日本国憲法以前の日本は、明治憲法による天皇主権の国家であり、その実態

は明治維新の勝利者による藩閥政府や昭和の軍国主義政権などによる抑圧的な統治であって，西欧の市民社会のようなものがあったわけではなかった。ところがそこに国民主権の憲法が生まれたのである。君主から国民へ主権を移すことは巨大な政治の転換である。そのためにはフランス革命を考えるまでもなく，歴史上おびただしい犠牲が必要であった。日本国憲法が国民を主権者として定めたことは，いわば革命にもひとしい事件だったのである。

しかし民主主義という言葉は"有名"になっても，民が主であるという意識や振る舞いが暮らしの中に根付いたかといえば，そうとはいえない。権力者に従う統治のあり方が長かった日本では，教育の場で政治の外形は教えても，主権者としての自覚を育て望ましい政治について考える力を養う政治教育は，むしろ避けられてきた。選挙権が20歳から18歳となった現在，国民に主権があることの重みは，いよいよ増してきているのである。

2．基本的人権の性質

日本国憲法は「基本的人権」という語を用い，人権の中のさらに基本的なものを指しているようにみえるが，実は「人権」と意味的には同じであって，この権利が基本的なものであることを強調しているのである。

明治憲法には「権利」はあっても「人権」はなかった。明治憲法では，「我カ臣民ノ権利（中略）ヲ保護シ此ノ憲法及法律ノ範囲内ニ於テ其ノ享有ヲ完全ナラシムヘキコトヲ宣言ス」とされて，臣民の権利は天皇が法律の範囲内で認めるものであり，必要なら統治者はこの権利をいつでも制限できた。

権利は英語ではrightであり人権はhuman rightである。法の世界では権利は人間と法人以外が持つことはできない。人間以外に権利はないのである。人権のhumanが，単に「人間の」という意味ではないことは明らかである。

人権は，数多くある権利の中でも，特にこれだけは人が人間らしく生きていくためになくてはならないと考えられ，憲法に登録された一群の特別な権利を指すのである。明治憲法の権利は天皇によって認められたものだったが，フランス人権宣言やヴァージニア権利章典はこれらの人権を，政府によって与えられたものではなく，人が生まれながらに持っているものと記述した。

生まれながらに人が人権を持つとは，人権が，国家や法に先立って存在する

自然権的な性格を強調する考え方である。そうではなく，明治憲法のように国民の権利が国家や憲法それ自体に由来するという考え方は，日本の軍国主義やドイツのナチスが暴虐の限りを尽くしたときに，何の抑止力にもならなかった。

　この経験から第二次世界大戦後には，人権は国家や政府の圧政や暴虐を防止する有効な手段と考えられた。そのためには人権は国家に先立つもの，生得的なものでなくてはならず，すべての国民が享有でき，誰もこれを侵すことができないものと考える潮流が生まれたのである。

　日本国憲法の基本的人権の性質も，この流れの中にあると考えられている。

　日本国憲法は11条で人権について，「この憲法が国民に保障する」「現在及び将来の国民に与へられる」と定めている。たしかに日本では，永久不可侵な人権は歴史的事実としては，日本国憲法によってはじめて実現した。

　しかし同時に，日本国憲法は97条で「基本的人権は，人類の多年にわたる自由獲得の努力の成果」であると述べている。憲法理念としての人権は日本国憲法がつくり出したのではなく，13世紀以来の長い歴史の中で形成された理念を，日本国憲法が受け継いだのである。

　日本国憲法はまた，12条の前段で，人権は「国民の不断の努力によつて，これを保持しなければならない」としている。

　刑法が犯罪を禁じても罪を犯す者は絶えない。船に入り込む水を排水し続けることによって船が航行できるように，社会の安全を守るために，日夜犯罪を抑え込む努力が続けられている。同じように，人権は永久不可侵だから国民は安心と思うことは誤りである。人権は，これを侵害するものと闘ってきた多年の努力の成果なのであり，これを維持するためにも不断の努力が必要だと日本国憲法は指摘しているのである。

　人権は誰かに与えられたものではない。人が身体と同じように生まれながらに持つものであり，国や政府も侵すことのできない特別な権利なのであって，人権は国家の制度ではなく，国民のものなのである。

3. 自由権

　最も早くに成立した人権は自由権であった。絶対王政の強力な軍備と官僚制による専制的支配及びそれを維持するための重税は，人々を苦しめた。圧政からの解放という切実な要求は，何よりもまず抑圧的な国家や政府からの自由を確保することであった。

　自由権は，言論の自由，思想の自由などの精神の自由，奴隷的拘束からの自由などの人身の自由，職業選択の自由などの経済活動の自由に分けて考えられている。

　人権は不可侵の性質を持っており，誰もこれを侵すことはできない。しかし同時に誰もが不可侵の人権を持っているため，場合によっては調整が必要になる。混みあった電車の中で一人だけ行動の自由を確保すれば，まわりの人の人身の自由はより侵害されることになってしまうからである。つまり自由権は，個人だけの問題であればその不可侵性は強く，他者との関わりが大きいほど不可侵性は相対的に弱くなってしまうという性質がある。

　最も個人的なものは精神の自由である。思想，良心，信仰などは個人の内面の問題であり，外部からこれを知ることは通常は困難である。したがって精神の自由は侵害されにくい人権ということができる。ただし，精神の自由の中でも表現の自由のように他者との関わりが出てくると調整の必要が生まれ，不可侵性のレベルは下がることになる。

　人身の自由は人の生命，身体に関わる自由権である。身体は自分の支配下にあり，他者に侵害されることはない。精神の自由に比べると，人が身体を動かす場合には周囲の人々に影響が出てくる。都会の雑踏では数多くの人々が他人に衝突しないよう，互いに相手を避けながら移動しているのである。

　経済活動の自由は，自由権の中では最も不可侵性のレベルの低いものといえる。無人島に漂着者が一人いても，そこに経済はない。誰か他者がいて，財貨の交換が成り立つのが経済活動だからである。経済活動が他者の存在を前提とするなら，他者との調整なしにはこの自由はあり得ない。精神の自由，人身の自由に比べて，経済活動の分野には圧倒的に多くの法規制（独占禁止法，労働法，税法，利息制限法，借地借家法，都市計画法，原子力基本法など）が存在する

のはそのためである。

4. 社 会 権

　自由権が，国民の人権を守るために国家権力や法規制を遠ざけようとするのに対し，社会権は，反対にむしろ国家の法規制によって人権を強化しようとする。

　自由権の領域では，国家の作用が過大になることを警戒するので，小規模な機構と軽い税の「小さな政府」が適合的である。一方，社会権の領域では国家の行動を期待するために，大きな機構と重税の「大きな政府」を志向することになる。

　近代憲法とともに生まれた自由国家は，絶対王政による圧政の経験から，市民社会に余計な介入はせず国民の安全だけを守ればいいという意味で「夜警国家」と呼ばれた。重税と規制から解放された自由競争で資本主義経済は発展したが，その結果少数の富裕層と膨大な数の貧困層との間で社会内格差は拡大し，先進国の大都市には巨大なスラムが生まれて暴動，犯罪，伝染病などの深刻な社会問題が発生した。

　19世紀には，法的には個人の貧困や不幸は，その個人の問題であり，国家の関与するところではなかった。しかし極度の貧困に追いやられた人々に個人的な対処能力はない。個人にはどうしようもなく，国家の責任ではないとしても，重要で避けられない問題として，個人と国家の中間の「社会」問題が認知されたのである。

　日本でも20世紀に入ると，東京帝国大学の民法学者であった末弘厳太郎（すえひろいずたろう）は，それまでの法学は世の中の現実を見ない概念法学だと批判し，農村の小作紛争や都市の労働紛争に着目して，労働法学や法社会学を開拓した。小さな政府が社会問題を放置した時代は終わったのである。

　事実，20世紀は大きな政府の実験場であった。ソビエト連邦や東欧などの社会主義国家，ドイツ・日本・イタリアのファシズム国家，北欧の福祉国家などが生まれ，大半は消えていった。しかし第二次世界大戦の後には，自由主義の国々も，社会問題に対しては自由放任ではなく，国家の作用で対応するという方向性が一般的になった。

かつては，強者が栄え弱者が衰退していくのは自然の摂理でしかたのないことだと考えられていたが，日本国憲法が25条に生存権という新たな人権を社会権として書き加えて，人には生きる権利があるとしたのは，その代表的な例である。

5．個人の人権と公共性

個人の人権を守ることは，ほとんど近代憲法の存在理由にひとしい最重要の課題である。しかし，人々の暮らす社会がそれだけで維持できるわけではない。警察力で犯罪から社会を守る，大災害の救援・復興，外部の脅威からの防衛，伝染病の防疫や膨大なごみ処理，道路や橋・港湾などの整備・維持管理といった広域で巨大で，しかも適正で公平であることを求められる業務は，とても個人や私企業の手には負えない。

政府や公共団体が，その大きな役割を担っている。社会を維持するための公共的な立場からは，例えば新たに道路を建設するためには，多くの人々の利便向上のための事業だから，予定地に住んでいる個人にも協力してほしい。一方，個人の自由を守る立場からは，道路予定地と言われても，住み慣れた家から移転したくないという要求が出てくる。人権はすべての人が持っているために，人権と人権との相互的な調整が必要になることはすでに述べたが，個人の人権と公共性の間でも調整が必要になるのである。

日本国憲法は，そのような場合の調整理念として「公共の福祉」を掲げている。12条後段は，人権は濫用してはならず，国民は「常に公共の福祉のためにこれを利用する責任を負ふ」と定めている。

「公共の」は英語ではpublicであるが，この2つの語意の相違には注意する必要がある。日本語の公園が私的な庭ではないのに対し，public gardenは個人の庭をオープンにしてどなたでもどうぞという場合にも用いられる。また役所などにある「公用車」は，誰でも使える車ではない。日本ではともすれば「公共の」という語には，政府の，役所のという語感が伴いやすいのである。「公共の福祉」はもともとpublic welfareの訳語であり，みんながうまくいくように，といった意味も内包している。

12条が人権は公共の福祉のために用いられねばならない，という趣旨を13

条の個人の尊重を否定して，国家への服従を定めたものと理解することはできない。publicは国家だけでなく，地方自治体はもちろん地域社会や近隣などのさまざまな中間団体を含んでいると考えられ，公共の福祉は，人権原理だけでは維持できない社会において，人権と公共性のバランスを調整する理念であると考えられる。

第17章 個人の尊重

1．個人の尊重と幸福の追求

　日本国憲法13条は「すべて国民は，個人として尊重される。生命，自由及び幸福追求に対する国民の権利については，公共の福祉に反しない限り，立法その他の国政の上で，最大の尊重を必要とする」と規定し，その前段に個人の尊重を謳い，その後段に，いわゆる幸福追求権の必要性につき確認する。簡潔な文言ではあるが，まずは，この13条の意義を概観しておこう。

(1) 個人の尊重

　個人を尊重することは民主主義政治にとって不可欠である。国民一人ひとりが個人として尊重され，国政を担い得る自律的な政治的人格を確立していなければ，国民の総意に基づき統治がなされる民主主義など，存立しようもない。個人尊重の底流には，自らの利益とともに，他人の利益をもまた同じく尊重する，個人主義（自らの利益のために他人の利益を損なうことをもいとわない利己主義とは異なる）の原理がある。日本国憲法13条が幸福追求権につき「立法その他の国政の上で，最大の尊重を必要」としながらも，その尊重は「公共の福祉に反しない限り」であると，一定の制約を設けるのは，このことをよく示している。

(2) 幸福追求権

　「幸福追求権」は，既に人々の生活に定着しつつある言葉といってよいだろう。例えば，人生観や政治的見解から趣味・嗜好に至るまで，さまざまに異なる個人が，それぞれの心地よい，幸福な生活を願う。その願いをかなえるため，日本国憲法13条に示される，国政の主人公たる個人が「生命，自由及び幸福」を追求するための権利が，幸福追求権である。

日本国憲法は，15条以下に具体的権利内容を持つ個別的基本権を規定する。例えば，参政権（15条），身体の自由（18条），表現の自由（21条）などである。参政権を持ち政治に参加すること，身体の自由・表現の自由を保障され闊達に日々を過ごし，忌憚なく意見を表明することは，つまり，それぞれが幸福を追求する一側面である。そこで，幸福追求権は，これら個別的基本権を包括するものとして「包括的基本権」と呼ばれる。

　幸福追求権の内容は，個別的基本権のように，個別具体的に特定された内容ではなく，抽象的な広がりを持つ。その内容をいかに理解するかについては，人格的利益説（人格を持った個人として生存するために必要な権利をその内容とする）と，一般的自由説（他者を害する場合を除き，あらゆる生活領域での行為の自由をその内容とする）とが対立するが，どちらの説に拠るにしても，程度の差こそあれ，その内容に広がりを持つことは同じである。それゆえ，そこからさまざまに，新たな人権を導き出すことが可能となる。

2．新しい人権

　およそ日本国憲法は，その制定時までの政治的経験を踏まえて，参政権や身体の自由・表現の自由など，先に言及した個別的基本権を設けたものと考えられる。しかしそれでは，社会の動向や人々の考え方の変化から，憲法制定時に予想しなかった新たな人権が必要となった場合には，どうするのだろう。日本国憲法を改正し，新たな人権を個別的基本権として追加する以外に，その人権が保障されることは一切ないのだろうか。

(1) 人権の生成

　こうした場合，既存の人権中に，新たな人権を読み込むという方法がある。例えば，日本国憲法21条に規定される表現の自由中に知る権利（政府の情報などを市民，つまり情報の受け手側が開示するように求める権利）やアクセス権（市民がマス・メディアを利用して表現行為を行う権利）を，同26条に規定される教育を受ける権利中に学習権（学習を通して人間形成を図る権利）を，それぞれ関連する新たな人権として読み込むのである[1]。また，その中に新たな人権を読み込むべき個別的基本権を見出せない場合には，同13条に規定される包括

的基本権たる幸福追求権から新たな人権を導き出すということになる。

このように，日本国憲法には明文規定が設けられていないが，既存の人権と同じく保障されるべきだと主張される権利を「新しい人権」と呼ぶ。以下では，幸福追求権から導き出される新しい人権中，プライバシー権と自己決定権との2つを紹介しよう。

[1) 知る権利について述べる。日本国憲法21条は，集会・結社の自由，表現（言論・出版など）の自由，通信の秘密について規定する。その表現の自由の一つとして，事実を事実として伝える，報道の自由があり，この報道の自由と知る権利とが対（情報の送り手側の自由と受け手側の権利）をなすことから，表現の自由中に新しい人権の読み込みがなされる。

(2) プライバシー権

私的な生活に対して他者の干渉を受けない権利を広く「プライバシー権」と呼ぶ。ここでは，このプライバシー権を，①私生活をみだりに公開されない権利，②肖像権，③自己情報コントロール権とに分けて説明する。

1）私生活をみだりに公開されない権利

「プライバシー権」という言葉を聞き，誰しもが思い当たるのが，この権利だろう。19世紀末以降のアメリカで，ゴシップ（うわさ話。特に有名人の私生活に関する話題）を事とするイエロー・ジャーナリズムから私生活を保護するために「一人でほおっておいてもらう権利；the right to be let alone」として，この権利が生成された。

わが国においては，東京都知事選に落選した政治家（原告）をモデルとした三島由紀夫の小説が，原告の権利を侵害したかどうかで争われた「宴のあと」事件（1964年9月28日，東京地裁判決）で，民事法上の権利として，はじめてこれが認められた[2]。「プライバシー権」という言葉が，わが国で一般的に定着したのは，これ以降のことだろうが，この時点では，プライバシー権は，あくまで私人間の争いより生じた，民事法上の権利として観念されていた。

[2) この事件は民法709条（不法行為による損害賠償）「故意又は過失によって他人の権利又は法律上保護される利益を侵害した者は，これによって生じた損害を賠償する責任を負う」に基づく損害賠償を求めたものである。その判決中，公開された内容が，①私生活上の事実又は事実らしく受けとられるおそれのあることが

らであること，②一般人の感受性を基準にして当該私人の立場に立った場合公開を欲しないであろうと認められることがらであること，③一般の人々にいまだ知られていないことがらであることを必要とする，という権利侵害の3要件が示されている。

2）肖　像　権

　プライバシー権の一つとしての肖像権（みだりにその容貌や姿態を撮影されない自由）については，公権力との関係において，既にそれを認めた最高裁判決がある。集団行進等の許可条件に違反したデモ行進を警察官が写真撮影したことが，上告人の権利を侵害したかどうかで争われた京都府学連（学生自治会連合）事件（1969年12月24日，最高裁大法廷判決）では，日本国憲法13条の保障する国民の私生活上の自由の一つとして「何人も，その承諾なしに，みだりにその容ぼう・姿態を撮影されない自由を有する」との見解が最高裁により示された。争点とされた写真撮影行為自体は，警察官の適法な職務執行行為であるとされたが，この判決は，13条から導き出される新しい人権としての肖像権を，最高裁が認めた重要な判決となった。新しい人権として主張されるもののうち，最高裁がそれを認めた稀有な例である。

3）自己情報コントロール権

　プライバシー権は，私生活の公開を禁ずるものであれ，写真撮影を禁ずるものであれ，私生活を秘匿する消極的な権利として生成されてきた。しかし，電子的に情報が蓄積管理される，高度に情報化された社会が到来し，個人情報の重要性が深まるにつれ，それを積極的に管理することがプライバシー権の内容として追加され，いまやそれがプライバシー権概念の主流になってきたともいえる[3]。大学で開催された，江沢民・中華人民共和国国家主席の講演会参加者名簿を，参加者の同意を得ずに大学が警察庁に提出したことが，上告人の権利を侵害したかどうかで争われた早稲田大学講演会名簿提出事件（2003年9月12日，最高裁判決）では，名簿に記された学籍番号・氏名・住所・電話番号は，個人を識別する単純な情報であり，秘匿されるべき必要性は低いが，「上告人らのプライバシーに係る情報として法的保護の対象となる」との見解が最高裁により示された。プライバシー権に新たな内容が追加される経緯を示す判決の一つである。この新たに追加された権利内容，すなわち，自己の情報を他者に

開示するかどうかを決定する権利，また他者の管理下にある自己情報の開示を請求したり，場合によっては，その訂正・削除を請求する権利を「自己情報コントロール権」と呼ぶ。

³⁾ 個人情報の保護に関する法律（その３条に「個人情報は，個人の人格尊重の理念の下に慎重に取り扱われるべきものであることにかんがみ，その適正な取扱いが図られなければならない」と基本理念を謳う）が2003年５月に制定され，個人情報保護の重要性を一般にも周知させたが，ほぼ時を同じくして，国と地方自治体を結ぶ，住民基本台帳ネットワーク・オンラインシステムが稼働した。既に，個人の氏名・住所・年齢・性別が住基ネット番号で，番号管理されたのである（2003年８月）。そして現在では，2016年１月以来「マイナンバー」と呼ばれる，行政手続における特定の個人を識別するための番号（徴税，社会保障，災害対策などに利用する）が運用されている。こうした番号管理制度が進展すればするほど，情報流出の危険も増大する。プライバシー権議論の中心が，私生活の秘匿から情報の管理へとシフトするのも，無理からぬところだろう。

（3）自己決定権

私的な事柄を決定する際に他者の干渉を受けない権利を「自己決定権」と呼ぶ。ここでは，この自己決定権の対象を，①生命・身体の処分に関する事項，②家族のあり方に関する事項，③ライフスタイルに関する事項とに分けて説明する。

1）生命・身体の処分に関する事項

いわゆる安楽死（いたずらに末期の苦しみを長引かせることなく，文字通り安楽な死を迎える）や尊厳死（精神作用なく，生命維持装置により，生ける屍として生き長らえるくらいならば，いっそ人としての尊厳あるうちに死を迎える）の話題もこの事項に含まれる。しかし，より一般的な話題として「インフォームドコンセント」と呼ばれる，近年における医療提供のあり方がある。ここでは，これをとりあげよう。

かつては医師が病気と闘う主体であり，患者に詳しい説明をすることなく医療を提供することも可とされていた。だが現在では，病気と闘う主体は患者自身であり，医師はその闘病につき専門的な知識・技量をもって強力に支援する者であると，医療に関する発想が根本的に転換された。そこで，患者の病状及びその対処方法などを，患者が理解できるようなかたちで，医師が十分に説明

した上で，患者の同意を得て治療を進めていくことになる[4]。複数の対処方法がある場合，最終的な選択は患者に委ねられる。もちろん，医学的に適切な対処方法を医師が提示した場合に，患者がこれを拒むことも可能である。

　輸血をしない手術ということで患者（宗教的信念から輸血を拒む。原告であり，控訴審中に死亡。以後遺族が訴訟を承継する）から同意を得ながら，手術時，救命のためとはいえ，同意に違えて，輸血に及んだ医師とその勤務する病院に対して損害賠償を求めた，エホバの証人信者輸血拒否事件（2000年2月29日，最高裁判決）では，患者の同意を自己決定権に由来するものとして原告の請求を認めた東京高裁（1998年2月9日）の判断を，最高裁が支持している。

　[4] 医療法は，①医療提供の理念，②医療施設，③医療計画について規定する重要な医事法規の一つである。その1条の2，2項は「医師，歯科医師，薬剤師，看護師その他の医療の担い手は，医療を提供するに当たり，適切な説明を行い，医療を受ける者の理解を得るよう努めなければならない」と規定する。

2）家族のあり方に関する事項

　結婚・離婚については，日本国憲法24条（家族生活における個人の尊厳と両性の平等）の規定に従って論ずることができる[5]。ここでは，出産に関する自己決定権をとりあげよう。

　[5] 日本国憲法24条1項は，「婚姻は，両性の合意のみに基づいて成立し，夫婦が同等の権利を有することを基本として，相互の協力により，維持されなければならない」と規定する。冒頭「婚姻は，両性の合意のみに基づいて成立し」は，そのまま結婚・離婚についての男女の自己決定権が示されている。現在の感覚からすれば，ごく当たり前のことが規定されているようだが，戦前の日本では，このごく当たり前が，決して当たり前ではなかったといえる。

　隣国，中華人民共和国が急激な人口増加に対処するために，1970年代末から35年以上も，「一人っ子政策」と呼ばれる計画出産政策（2人1組の夫婦には，原則として，1児の出産だけが許され，超過出産には罰金などが科される）を遂行していたことは，あまりにも有名である。では，深刻な少子化に悩むわが国で，例えば「三人っ子政策」とでも呼ぶべき出産奨励政策を遂行することができるだろうか。出生率が上向きに改善されれば，それに比例して，社会経済も改善されるだろうことは十分に期待できる。効率からいえば，そして単純に現状を打破するということだけからいえば，最も当を得た社会経済の改善策と

なるかもしれない。しかし，この三人っ子政策を，わが国で遂行することはできない。いままさに論ずる，自己決定権に触れるからである。出産をどうするかは，夫婦の自己決定事項であり，さらに言うならば，母となる女性の自己決定事項である。公権力，つまり国家がそれに干渉する余地はない。迂遠かもしれないが，母となる女性，夫婦が出産に前向きとなれるような，出産・子育てに手厚く，きめ細かい施策を，じっくりと展開するのみである。

3）ライフスタイルに関する事項

　幸福追求権の内容について，先に示した一般的自由説に立てば，服装や髪形，食べ物の嗜好に至るまで，広くこの自己決定権が関わることになる。例えば，イスラム教徒の女性が「ヒジャブ」と呼ばれる布で頭を覆うことや，イスラム教徒，ヒンズー教徒が，それぞれ豚肉，牛肉を食さないことなどは，日本国憲法20条（信教の自由）の規定に従って論ずることができる[6]。その他，校則による服装・髪形の規制や，健康面を考慮しての菜食主義などは，いま論ずる自己決定権と絡む問題として考えられるだろう。近年話題にのぼることも多くなった，LGBT（p.12参照）の生き方も，この自己決定権に絡む問題と考えられる。多岐多様にわたる事項を包含する。

　しかし，この多岐多様性をきらい，幸福追求権の内容について，やはり先に示した人格的利益説に立ち，この自己決定権を制限的にしか認めないことは，妥当でないと考えられる。一般的自由説に立ち，広くこの自己決定権を認めた上で，他者を害する場合にのみ，権利制限に従うべきだろう。服装や髪形ぐらいで個人の尊重を云々するのは，いかにもおおげさかもしれない。だが同時に，服装や髪形の一つさえも自由にできず，個人の尊重も何もあったものではない，ともいえるのである。

　[6] 日本国憲法20条2項は，「何人も，宗教上の行為，祝典，儀式又は行事に参加することを強制されない」と宗教行為などの自由について規定する。イスラム教徒の女性が「ヒジャブ」で頭を覆うことや，イスラム教徒，ヒンズー教徒が，豚肉，牛肉を食さないことなどは，まさにこの宗教行為にあたる。

第18章 法の下の平等

1．平等権の法的性格

　従来，平等権は，能力差などを考慮し，現実的に差異があるにもかかわらず，原則として各人を均等に取り扱うために，国家による異なる取扱いを排除するという自由権的性格を持つものとして把握されてきた（形式的平等）。しかし，人はそれぞれ種々の事実的・実質的差異を有することを前提として，これらを無視して「絶対的平等」を求めるのは，逆に現実的差異から生ずる不平等を肯定し，すべての人に公平な自由を与えることができなくなるため，無理がある。

　そのため，日本国憲法では，人は本質的に平等であり，すべての人に自由を確保するために，それぞれの個人的特性に応じた合理的に異なる取扱いをすることを立法においても考慮しなければならないとする「相対的平等」を保障する。すなわち，現代の福祉国家ないし積極国家の下では，国家は自ら差別してはならないだけではなく，人の現実の差異に着目し，その格差是正を行うべく，社会に事実上存在する不平等を除去しなければならないという積極的ないし社会権的性格を持つものとして把握されるべきである（実質的平等）。この考えは，日本国憲法の理念である自由主義との整合性があるため，「合理的区別」として理論的に肯定されている。

2．平等権の内容

(1) 基本原則

1)「法の下」の意味

　日本国憲法14条1項は，前段で「すべて国民は法の下に平等であつて」と述べて平等の一般原則を宣言する。「法の下に」という言葉の意味については，「法適用平等説」と「立法者拘束説」の2つの説がある。「法適用平等説」は，

国会が定める法律の具体的な内容が平等かどうかは問題とせず，法律を執行する行政と司法に対してのみ，法を平等に執行・適用することだけを要求する考え方である。しかし，この考え方では，立法者を拘束せず，法の適用が平等であっても現実社会は不平等な状態になる可能性が高くなる。そこで，現在では，平等は立法者をも拘束し，法の内容の平等が要請され，違憲審査制（81条）の下で，裁判所が立法の内容について平等原則に反していないかを判断することによって確保されるという「立法者拘束説」が通説となっている。

2）具体的内容

14条1項後段では，特に差別を警戒すべき内容を具体化して「人種，信条，性別，社会的身分又は門地により，政治的，経済的又は社会的関係において差別されない」と規定し，法の適用だけではなく，立法内容についても人を差別してはならないとして，権利の上で平等に取り扱われることを保障する。

① 人種：体質や体格などの身体の生物学的特徴，あるいは言語や風俗などの共通的特徴を基準に区別される人類学上の種類であり，欧米における黒人差別はその典型である。14条1項における「人種」は広く「民族」も含むものと解されており，わが国でもアイヌ問題などの「民族」に基づく差別が今なお問題となっている。

② 信条：歴史的には主に宗教や信仰を意味したが，今日ではさらに広く思想上，政治上の考え方，主義や世界観を含むと解する。

③ 性別：男女同権を定めたもので，家族関係における男女の平等（24条）に関する特別な規定も設けられ，男女の別による価値的判断に基づく別扱いは許されない。なお，1999年に男女雇用機会均等法が改正され，セクハラ防止規定が導入されるなど，性差別撤廃への動きはみられるものの，社会構造的なものを中心に女性差別の問題は大きな課題として残されている。

④ 社会的身分：人が社会において一時的ではなく多少とも継続的に占めている地位を指し，自己の意思ではそれから離れることができず，その地位について事実上の社会的評価が伴っているものをいう。

⑤ 門地：家系・血統などの家柄や生まれに基づく地位ないし身分を指す。

以上のいずれの原因に基づいても，政治的関係（参政権や裁判を受ける権利など），経済的関係（租税の賦課，財産権の収用や勤労の権利の面など）及び社会的

関係（居住の権利や教育を受ける権利の面など）のいずれの分野においても国民は差別されない。

（2）貴族制度の禁止と特権付与の制限

14条2項は,「華族その他の貴族の制度は,これを認めない」と規定し,華族制度を廃止して,封建的な身分上の特権を否認した。ただし,天皇制は,日本国憲法上の例外として法律上の例外が認められている。また,3項は,「栄誉,勲章その他の栄典の授与は,いかなる特権も伴はない。栄典の授与は,現にこれを有し,又は将来これを受ける者の一代に限り,その効力を有する」と,栄典授与に伴う特権付与の禁止と効力の一身専属性を規定する。「栄典」とは,ある人の長年の業績を賞する目的で与えられる公式の特殊な地位をいうが,効力を一代に限ることで,実質的に貴族制度の復活を防止している。

3．代表的な判例

（1）尊属殺重罰規定違憲判決（最大判昭和48年4月4日刑集27巻3号265頁）

これは,実父に14歳のときから10年以上にわたり姦淫され,5人の子をもうけた女性が,職場の同僚との結婚の承諾を実父に拒絶され,さらに監禁暴行を受けたため,思い余って実父を絞殺した事件である。

もともと,改正前刑法には,被害者が親をはじめとする直系尊属である場合に,刑罰を重くする規定として,尊属殺人罪（200条),尊属傷害致死罪（205条2項),尊属遺棄罪（218条2項),尊属逮捕監禁罪（220条2項）の4つを設けていた。特に,200条は,普通殺人（199条）の場合（死刑又は無期若しくは3年以上の懲役）とは異なり,自己又は配偶者の直系尊属に対して殺人の罪を犯した場合は,死刑又は無期懲役をもってのぞむ重い法定刑であった。本件では,200条が戦前の「家」制度の名残であり,14条1項に反するとして,合理的区別か不平等な取扱いかにつき,目的の正当性,手段としての重罰の合理性が審査された。

最高裁は,尊属殺人（200条）を普通殺人（199条）よりも「高度の社会的道義的非難に値する」ので,同条の目的の正当性は認めた。しかし,200条は

「その立法目的達成のため必要な限度を遥かに超え，普通殺に関する刑法199条の法定刑に比し著しく不合理な差別的取扱いをするものと認められ，憲法14条1項に違反して無効」として，最高裁初の法令違憲判断をし，執行猶予の付いた判決を下した。違憲の理由について，多数意見は，「尊属に対する尊重報恩という社会生活上の基本道義を保護するという立法目的は刑法の保護に値し合理的であるが，刑の加重の程度が極端であって，立法目的達成の手段として甚だしく均衡を失し不合理である」とした。すなわち，本判決は，合憲性判断基準として，「不合理な差別は違憲，合理的区別は合憲」とする「合理性」の基準（立法者拘束説）に基づいたものである。一方で，少数意見は，尊属殺の立法目的自体が，封建的な「家」制度に基づくものであり，正当ではないとして違憲と判示している。なお，尊属に対する罪は，違憲判決後も長期にわたって見直されることはなかったが，1995年の刑法改正の際に削除された。

（2）非嫡出子相続差別違憲訴訟（最大判平成25年9月4日民集67巻6号1320頁）

　この事案は，亡くなった人の嫡出家族が，その非嫡出子に対し遺産分割を求めたところ，非嫡出子側が，非嫡出子の法定相続分が嫡出子の相続分の2分の1とする民法900条4号但書は日本国憲法14条1項に違反するとして，相続分の見直しを求めて上告したものである。

　相続制度については，立法の合理的な裁量判断に委ねられているが，最高裁は，「憲法14条1項は，法の下の平等を定めており，この規定が，事柄の性質に応じた合理的な根拠に基づくものでない限り，法的な差別的取扱いを禁止する趣旨のものである」として「合理性」の基準を再確認している。その上で，近年における家族形態や国民意識の多様化による状況の変化の下で，「家族という共同体の中における個人の尊重がより明確に認識されてきた」と指摘し，「父母が婚姻関係になかったという，子にとっては自ら選択ないし修正することの余地のない事柄を理由としてその子に不利益を及ぼすことは許されず，子を個人として尊重し，その権利を保障すべきであるという考えが確立されてきて」おり，「本件規定は，遅くとも」本件相続「当時において，憲法14条1項に違反していた」と判示した。この決定を受けて民法が改正され，現在では法

定相続分における非嫡出子の別異取扱いの規定は削除されている。

（3）再婚禁止期間違憲訴訟（最大判平成27年12月16日民集69巻8号2427頁）

　民法733条1項は，女性にのみ「前婚の解消又は取消の日から6箇月を経過した後でなければ，再婚をすることができない」と規定していた。この規定の目的は，妻がこの期間内に再婚した場合に，出生した子が前婚の夫の子であるか明らかでない場合が生じ，誰が法律上父親として扱われるかについての父性の推定が重複することを回避し，子の法的地位を安定させることにあった。

　従来の最高裁判決では，男女の異なる取扱いは，女性のみが妊娠・出産するという男女の肉体的・生理的条件の差異によるものであり，父親の推定の重複を避けるための規定で，明らかに不合理な差別とはいえず，14条1項に反しないとして合憲判断をしていた（最判平成7年12月5日判時1563号81頁）。しかし，民法772条の父親推定規定に従えば，再婚禁止期間は100日で足り，子の父性推定の目的を超えて不必要な性差別であること，新たに再婚を望む者にとっての婚姻の自由（日本国憲法24条）との整合性が問題となること，さらに，今日では，DNA鑑定などの医学技術の進歩によって，高精度な父子鑑定が容易にできるようになり，禁止期間を設ける必要はないこと，などを理由に違憲論が強まっていた。

　2015年，最高裁は，「女性の再婚後に生まれる子については，計算上100日の再婚禁止期間を設けることによって，父性の推定の重複が回避される」ことから，父性推定の重複回避という立法目的自体は合理的なものであり，民法の父性推定が重複することになる，離婚後100日間の再婚禁止期間については合憲であるとした。ただし，民法の規定を前提にしても父性推定の重複が生じない，100日を超える再婚禁止期間は合憲性を欠き，「憲法14条1項に違反するとともに，憲法24条2項にも違反する」とした。この判決を受けて，民法が改正され，再婚禁止期間は100日に短縮された。

（4）一票の格差問題

　国会議員の選挙において，各選挙区の議員定数の配分に不均衡があり，その

ため，人口数との比率において，選挙人の投票価値に不平等が存在することが違憲ではないか，という議員定数不均衡の問題も重要な論点となっている。

1994年の制度改革により，小選挙区比例代表並列制が導入されたが，各都道府県にまず1議席の枠を確保した後で残りの議員定数のみを人口に比例して各都道府県に配分する小選挙区の「1人別枠方式」について，このような法律規定が合憲といえるのかが問題とされた。最高裁は，議員定数配分に際しての立法者の裁量を広く認め，過疎化対策として地方に意図的に議員を厚く配分することもある程度は認められる，と述べるなど（最大判平成11年11月10日民集53巻8号1441頁など）最近まで一貫して合憲との判断を示してきた。

ところが，2011年の最高裁判決は実質的に判例を変更し，2.304対1の較差を抱える2009年衆議院議員選挙は違憲状態にあり，全国民の代表である国会議員の選出過程で有権者を地域によって区別して扱う合理性は存在せず，1人別枠方式は憲法上正当化できないと判示した（最大判平成23年3月23日民集65巻2号755頁）。

1人別枠方式が格差の主な原因であると指摘した2011年の最高裁判決を受けて，国会は，2012年11月に選挙区の0増5減と1人別枠方式を廃止する関連法を成立させた。2014年12月の総選挙は新たな区割りで行われたが，最大較差は2.13倍であったため，最高裁はこの新区割りも違憲状態と判示した。しかも，反対意見を書いた4人の判事うち3人が「違憲（ただし選挙を無効とせず）」とした上に，1人は「違憲かつ無効」との判断をするに至っている（最大判平成27年11月25日民集69巻7号2035頁）。

国会は，2017年に小選挙区の0増6減や区割りの変更を決定し，これによって，最大較差は小選挙区比例代表並列制の下で初めて2倍未満に縮まった。東京高裁は「応急措置的なものだが，最大格差を2倍未満にするという結果が実現されている」と評価し，福岡高裁は，較差縮小や，人口に応じて議席を配分することで人口比をより正確に配分できる「アダムス方式」による新たな定数配分の導入を国会が決定したことを肯定的にとらえ，「較差2倍以上の選挙区が出現し，増加するという問題点は解消したということができる」として，違憲判断を避けるに至っている。

一方，参議院についての判例は，衆議院よりも国会の立法裁量を認める姿勢

を一貫してとっていた。しかし，2012年判決（最大判平成24年10月17日民集66巻10号3357頁）は，「投票価値の不均衡は，投票価値の平等の要請に照らしてもはや看過しえない程度に達しており，これを正当化すべき特別の理由も見いだせない以上，違憲の問題が生ずる程度の著しい不平等状態に至っていた」として，当時の定数配分規定を違憲状態であると判示した。これを受けて，2016年の参院選から，人口の少ない県をまとめて一つの広い選挙区をつくる「合区」が誕生し，鳥取と島根，徳島と高知で県をまたいだ選挙区が導入された。これに対して，2017年9月27日，最高裁大法廷は，都道府県選挙区の枠組みを崩して「合区」を含む定数是正を行った点を評価し，「違憲の問題が生じる著しい不平等状態とはいえない」と結論付け，「合憲」との統一判断を示した。

第19章 精神の自由

1. 思想・良心の自由

(1) 内心の自由と沈黙の自由

　日本国憲法19条は,「思想及び良心の自由は, これを侵してはならない」と定め, 人の内面的精神活動の自由, いわゆる「内心の自由」を保障している。

　人の「内心の自由」は, どのような方法で保障されるのか。①特定の思想・良心を持つことを強制あるいは禁止されないこと, ②保有する思想・良心を理由に不利益な取扱いを受けないこと, ③思想・良心を告白するよう強制されないこと, 若しくは思想・良心を推知されないこと, などがあげられる。

　このうち③について述べれば, 例えば, 公権力が思想調査をすることは許されないし, また, 江戸時代にキリスト教徒を摘発するために行われた踏絵のように, 精神的な意味を持つ行為を強要することは許されない。それらは, 表明あるいは推定される思想・良心に対する干渉を目的にしており, 結局は「内心の自由」を侵害するからである。したがって,「内心の自由」の保障は,「沈黙の自由」の保障を含むものとみなければならないであろう。

(2) 代表的な判例

　「国旗及び国歌に関する法律」制定 (1999年) 後, 学校儀式での国旗掲揚・国歌斉唱が厳しく求められるようになり, 国歌のピアノ伴奏を拒否した音楽教師や, 国歌を起立して斉唱することを拒否した教師に対する懲戒処分が相次いだ。これら処分の合憲性が裁判で争われたが, 最高裁は, ピアノ伴奏の職務命令は音楽教師の歴史観・世界観を否定するものではない (最三判平成19年2月27日民集61巻1号291頁), 式典における国歌の起立斉唱は儀礼的所作である (最三判平成23年6月14日民集65巻4号2148頁) などと判示し, 憲法19条違反を認めなかった。

2. 信教の自由

(1) 信教の自由と政教分離

　日本国憲法20条は、「信教の自由は、何人に対してもこれを保障する」（1項前段）、「何人も、宗教上の行為、祝典、儀式又は行事に参加することを強制されない」（2項）と規定するとともに、「いかなる宗教団体も、国から特権を受け、又は政治上の権力を行使してはならない」（1項後段）、「国及びその機関は、宗教教育その他いかなる宗教的活動もしてはならない」（3項）と規定している。各人に「信教の自由」を保障するとともに、国家と宗教の分離、いわゆる「政教分離」の原則を明示しているのである。

　明治憲法（28条）も「信教の自由」を保障したが、それは「安寧秩序ヲ妨ケス及臣民タルノ義務ニ背カサル限ニ於テ」のことであり、一方、天皇の祖先を神として崇敬する宗教、神社神道を信仰することは臣民の義務とされていたため、そのことと両立する限りでの「信教の自由」にすぎなかった。神社神道は事実上国の宗教として扱われ（国家神道）、「神社は宗教にあらず」という説明の下で、他の宗教とは異なる特別の保護が与えられた。国家と神道との結び付きにより「信教の自由」は著しく侵害され、また、神社信仰は、やがて国家主義・軍国主義の精神的支柱としての役割も果たすこととなった。このことを反省し、日本国憲法は「信教の自由」と「政教分離」につき、特に詳細な規定を設けたのである。

(2) 代表的な判例

① 剣道実技拒否事件（最二判平成8年3月8日民集50巻3号469頁）

　高等専門学校の学生が宗教上の理由から剣道の授業を拒否し退学になった事案について、最高裁は、退学処分は学生の「信教の自由」への配慮を欠き違法であると判示した。剣道実技の履修が必須のものとまでは言い難く、学校は代替措置を考えるべきであったとの判断が示された。

② 津市地鎮祭事件（最大判昭和52年7月13日民集31巻4号533頁）

　三重県津市が、市立体育館を建設する際に神道儀式による地鎮祭を行った事案について、最高裁は、神式地鎮祭は宗教的行事とはいえず、政教分離原則に

反しないと判示した。神式地鎮祭は，その目的は世俗的であり，効果についても，神道を援助・助長し，他宗教に圧迫・干渉を加えるものではないから合憲であるという，「目的効果基準」に基づく判断が示された。

3．表現の自由

（1）表現の自由と知る権利

　日本国憲法21条1項は，「集会，結社及び言論，出版その他一切の表現の自由は，これを保障する」と規定している。

　「表現」は，人の内面的精神活動を外部に公表する精神活動であるが，思想・信条などの公表だけでなく，個人の精神活動に関わる一切のもの（思っていることや感じていることのすべて）の伝達に関する活動であると解されている。

　「表現の自由」は，個人が自己の人格を形成・発展させること（個人の自己実現），国民が立憲民主制を維持・運営すること（国民の自己統治）にとって不可欠なものといえよう。それゆえ，基本的人権のなかでも特に重要な意味を持つ権利とされ，人権体系中「優越的な地位」を占めるものであると考えられている。

　ところで21条1項は，表現の送り手の自由だけでなく，表現の受け手の自由も保障するものである。表現行為は，表現を受け取る行為があってはじめて意味を持つのであり，前者の自由は後者の自由を当然の前提にしているといえよう。この表現の受け手の自由を，「知る権利」としてとらえる見方がある。すなわち，情報の受領が公権力によって妨げられないという妨害排除的性格の権利，いわば「知る自由」を，「知る権利」として理解するのである。

　ところが今日，「知る権利」は，公権力に対して情報の開示を請求する積極的な情報収集権として，特に重要な意味を担うものになってきた。公権力への情報の集中，秘密情報（国家機密，行政機密など）の増大などにより，個人は必要とする情報から疎外される状況が進行したからである。わが国では，ほぼすべての都道府県，市町村等において，情報公開条例等が制定されており，また，国のレベルでは，1999年，情報公開法（正式な法律名は「行政機関の保有する情報の公開に関する法律」である）が制定されて（「知る権利」という文言は明記されなかった），情報の開示請求権が具体化されている。

（2）表現の自由に対する制限

　「表現の自由」は，他人の人権や他の社会的法益と衝突する場合があり，その際は一定の制限を免れない。例えば，人の名誉を毀損する表現行為は刑法上処罰され（刑法230条），民法上も不法行為責任を負わされる（民法710条・723条）。プライバシーの侵害も，民法上の不法行為責任が問われる。また，わいせつな文書図画，電磁的記録媒体の頒布なども，刑法上処罰されることになっている（刑法175条）。

　ただ先に述べたごとく，「表現の自由」は憲法上特に手厚い保護を受けることが認められた人権であり，その制限は必要最小限のものでなければならない。この点についての指針として，これまで広く支持されてきた考え方に，「二重の基準」（double standard）という理論がある。

　すなわち，「表現の自由」を中心とする精神的自由は，経済的自由と比べて「優越的地位」を占め，精神的自由を規制する立法の合憲性は，経済的自由を規制する立法よりも，より「厳格な基準」によって審査しなければならない，という理論である。この理論を踏まえ，「表現の自由」への制限に対する合憲性判定の「厳格な基準」として定式化されてきたものには，次のようなものがある。

① 　事前抑制禁止の理論：表現行為に先立ち，公権力が何らかの方法でこれを抑制することは，原則的に禁止される。なお，日本国憲法21条2項前段は，「検閲は，これをしてはならないと」と定めている。
② 　明確性の原則：「表現の自由」を規制する立法いついては，規制の対象・範囲などが法文上曖昧なものは，原則として無効になる。
③ 　過度の広汎性の理論：「表現の自由」の制約が過度に広汎にわたっている場合，そのような制限法令は違憲とされる。
④ 　LRAの基準：「表現の自由」を規制する方法において，「より制限的でない，他の選択しうる手段」（less restrictive alternatives）が存する場合，その制限法令は違憲とされるという審査基準である。
⑤ 　「明白かつ現在の危険」（clear and present danger）の基準：表現行為の規制は，重大な実質的害悪をもたらす，明白にして差し迫った危険の存在する場合に限られる，という審査基準である。

なお，日本国憲法21条2項後段は，「通信の秘密は，これを侵してはならない」と定めている。個人間で意思や情報を伝達し合うことは，各人の意見表明・思想表現などの前提となるため，「表現の自由」保障の一環として，その秘密を保護し，公権力による監視を排除しているのである。

(3) 集会・結社の自由

「集会・結社の自由」は，人が集合・結合を通じて，集団としての意思を形成し，それを集団として外部に表明する自由を含んでいる。この意味からも，これらの自由は，「表現の自由」の一類型とみなすことができ，また，政治的・経済的・社会的決定過程への参加を保障する人権として評価しなくてはならないだろう。

明治憲法（29条）は，「集会・結社の自由」を「法律ノ範囲内ニ於テ」保障したにすぎず，実際この自由は，治安警察法（1900年／明治33年）や治安維持法（1925年／大正14年）などにより，厳しく制限された。そのような制限は，もとより今日許されない。ただ現行憲法下でも，人権相互の調整その他の観点から集会・結社を規制するいくつかの法令は存在する。その代表的なものは，公安条例と破壊活動防止法であろう。

公共の場所での集会，集団行進などの集団行動に対する事前規制を定めた条例が，多くの地方公共団体で制定されているが，これを一般に公安条例と呼ぶ。集会などを行おうとする場合，事前の許可または届出を要するものとし，公安委員会は，「公共の安全」を害するおそれがあると判断するときは，不許可または届出の不受理ができ，さらに許可の取消しまたは条件の付与ができる旨を定めた条例である。

破壊活動防止法は，暴力主義的破壊活動を行った団体に対し，一定期間及び一定地域での集団示威運動・集団行進・公開集会を禁止する権限，その他の権限を，公安審査委員会に与えている。同委員会は，これらの規制だけでは有効でないと判断した場合には，当該団体の解散の指定を行うこともできるものとしている（これらの処分については，公安調査庁長官からの請求を受けて，公安審査委員会が判断することになっている）。

4．学問の自由

（1）学問の自由の内容

　日本国憲法23条は，「学問の自由は，これを保障する」と定めている。学問は，真理の探究を目的として行われる人間の論理的な精神活動であり，知的好奇心の充足という個人的な価値とともに，社会の進歩や人類文化への貢献という社会的な価値をも有する精神活動である。また学問は，既成の価値・理念を疑い，より高次の認識を獲得しようとする活動でもあり，現存秩序の支配者からは危険視されやすく，それだけに権力の介入を受けやすい。明治憲法は「学問の自由」に関する規定を欠いていたが，その下で起こった学問に対する不当な弾圧（滝川事件，天皇機関説事件など）は，学問の持つこの側面を端的に示す歴史的事件であったといえよう。

　「学問の自由」は，まず①学問研究の自由，②研究成果発表の自由をその内容とする。①は「思想・良心の自由」，②は「表現の自由」の一部を構成するが，日本国憲法は学問の有する上述の価値を高く認め，また過去への反省から，格別に明文をもって「学問の自由」を保障していると解すべきであろう。そして，②と関連しての③教授（教育）の自由，①～③を制度的に保障するための④研究教育機関の自治も，「学問の自由」に含まれると解するべきである。

（2）教授（教育）の自由

　教授（教育）の自由に関しては，大学の研究教育従事者だけでなく，初等・中等教育機関の教育従事者にも，これを保障するべきであるとの見解がみられる。この見解を肯定すれば，国が教科書検定を行ったり，学習指導要領を通じて教育課程の基準を設定したりすることは，初等・中等教育機関の教授（教育）の自由を侵害するものでないかが問われることになる。最高裁は，普通教育においても「一定の範囲における教授の自由が保障される」ことを認めたが，児童生徒の批判能力の欠如，普通教育における教育の機会均等の要請などを理由にして，「完全な教授の自由」は認められないと判示した（最大判昭和51年5月21日刑集30巻5号615頁）。

第20章 人身の自由

　前近代国家では，不当な逮捕・監禁・拷問などにより，人身の自由（身体の自由）が踏みにじられていた。近代憲法は，国家権力の恣意的な刑罰権の行使を否定し，基本的人権として人身の自由を保障する規定を設けてきた。日本国憲法は18条で「奴隷的拘束，苦役からの自由」を定め，31条以下では，国家刑罰権の濫用を抑止することにより国民の自由の保全を図っている。明治憲法下では，恣意的な捜査・裁判などにより人身の自由は過酷な制限を受けた。現憲法はこのことを反省し，身体的自由を保障する詳細な規定を置いている。

1．奴隷的拘束，苦役からの自由

　日本国憲法18条は「何人も，いかなる奴隷的拘束も受けない。又，犯罪に因る処罰の場合を除いては，その意に反する苦役に服させられない」と定めている。

　「奴隷的拘束」とは，「自由な人格者であることと両立し難いような身体の拘束」を意味する。公権力に対してこのような拘束を禁止することは当然のことであるが，同条は，私人に対しても，この種の行為を含めた非人道的な身体の拘束を禁止していると理解されている。

　「その意に反する苦役」は，「広く本人の意思に反して強制される労役」であり，強制的に土木工事へ従事させられることなどが，その例としてあげられている。緊急の必要がある場合，消防，水防，救助などの労務負担が課せられることがあるが，このような応急措置業務への従事は，同条に反しない。

　兵役は，西欧では一般に「苦役」（強制労働）に含まれないと解されているが，わが国では，現憲法が兵役義務に関する規定を持たないことなどを理由にして，徴兵制は同条の趣旨に反すると解されている。

2．法定手続の保障

日本国憲法31条は,「何人も,法律の定める手続によらなければ,その生命若しくは自由を奪われ,又はその他の刑罰を科せられない」と定めている。日本国憲法は,捜査の過程における被疑者の権利（33条〜35条),刑事裁判における被告人の権利（37条〜39条）を保障しているが,31条は,このような「刑事手続における権利保障」についての総則的な規定であるといえよう。

この規定は,アメリカ合衆国憲法の「法の適正な手続（デュー・プロセス；due process of low)」条項（修正5条「何人も,法の適正な手続によらずに,生命,自由又は財産を奪ってはならない」,修正14条「いかなる州も,法の適正な手続によらずに,何人からも生命,自由又は財産を奪ってはならない」）に由来する。

日本国憲法31条は,刑事手続は法律によって定められることを要請するものであるが（「デュー（適正)」に相当する文言を含んではいないが),「手続的デュー・プロセス（刑罰を科す手続が法定され,その内容が適正であること)」及び「実体的デュー・プロセス（犯罪と刑罰について法定され,その内容が適正であること)」を規定し,「法の適正な手続」を保障するものであると,広く理解されている。したがって31条は,近代刑事法の基本原則「罪刑法定主義（「法律なければ刑罰なし」)」まで求めていると,解釈することができよう（第13章「刑事法」参照)。

なお最高裁は,法律の定める手続によっていても,告知,弁解,防御の機会を与えることなく刑罰を科することは31条に違反すると判示し,同条が「法の適正な手続き」を保障するものである,との立場をとっている（最大判昭和37年11月28日刑集16巻11号1593頁)。

3．被疑者の権利

（1）不法な逮捕・抑留・拘禁からの自由
1）不当逮捕からの自由

日本国憲法33条は,「何人も,現行犯として逮捕される場合を除いては,権限を有する司法官憲が発し,且つ理由となってゐる犯罪を明示する令状によらなければ,逮捕されない」と定めている。

「司法官憲」とは，裁判官のことを指す。令状とは，裁判官の発する命令状であり，逮捕令状には，理由となっている犯罪が明記されなければならない。令状主義は，不当逮捕（人身の自由に対する恣意的な侵害）を抑止し，被疑者の防御権を保障するものである。

33条は，令状主義の例外として，現行犯逮捕のみを認めている。しかし実際には，刑事訴訟法が「緊急逮捕（一定の範囲の犯罪について，緊急性が高いときに，令状を請求せずに実行される逮捕。逮捕後，直ちに令状を求めることになる）」を認めており，また，捜査機関は「別件逮捕（本件について令状を請求し得る証拠がそろわない場合に，別件について令状を請求して逮捕し，本件の取調べを行って自白を得る捜査手段）」を活用している。令状主義の例外が拡大されることについては，これを危惧する学説が根強くある。

2）抑留・拘禁からの自由

日本国憲法34条は，「何人も，理由を直ちに告げられ，且つ，直ちに弁護人に依頼する権利を与へられなければ，抑留又は拘禁されない。又，何人も，正当な理由がなければ，拘禁されず，要求があれば，その理由は，直ちに本人及びその弁護人の出席する公開の法廷で示されなければならない」と定めている。

逮捕に引き続く身体の拘束のうち，一時的な拘束が抑留であり，より継続的な拘束が拘禁である。①抑留・拘禁の理由の告知を受ける権利，②弁護人依頼権，③公開法廷における拘禁理由の開示を要求する権利が，被疑者に保障されている。

（2）住居等の不可侵

日本国憲法35条は，「住居，書類及び所持品」について，「侵入，捜索及び押収」を行う際にも，原則として司法官憲（裁判官）の発する令状に基づくことを要請している。令状には，「捜索する場所」「押収する物」が明示されていなければならない。ただし，前述33条による適法な逮捕の場合には，現行犯逮捕等のみならず，令状逮捕の場合にも，令状なしの「侵入，捜索及び押収」が許されている。

4．被告人の権利

（1）公平な裁判所の迅速な公開裁判を受ける権利

　日本国憲法は，裁判を受ける権利（32条）と裁判の公開原則（82条）を規定しているが，37条1項は，刑事被告人の権利として，「公平な裁判所の迅速な公開裁判を受ける権利」を明示的に保障している。

　「公平な裁判所」とは，「構成其他において偏頗の惧なき裁判所」を意味する（最大判昭和23年5月5日刑集2巻5号447頁）。「迅速な」裁判を保障するのは，不当に遅延した裁判は「裁判の拒否」にも等しい結果をもたらすからである。

　「公開裁判」とは，その対審（裁判官の面前での訴訟当事者の直接的な口頭の弁論）及び判決が公開の法廷で行われる裁判のことであり，裁判の公正と批判可能性を確保するために必要であると考えられている。

（2）証人審問権・証人喚問権

　日本国憲法37条2項は，刑事被告人の権利として，「すべての証人に対して審問する機会を充分に与へられ」る権利，「公費で自己のために強制的手続により証人を求める権利」を保障している。

　証人審問権の保障は，被告人に審問の機会が充分に与えられない証人の証言には証拠能力は認められないという原則の保障を意味している。

　証人喚問権については，判例によれば，裁判所は被告人の申請する証人をすべて喚問する必要はなく，その裁判をするのに必要適切な証人を喚問すればよいとしている（最大判昭和23年7月29日刑集2巻9号1045頁）。また，「公費で」という文言についても，有罪判決を受けた被告人に訴訟費用の負担を命ずることは差し支えないとしている（最大判昭和23年12月27日刑集2巻14号1934頁）。

（3）弁護人依頼権

　日本国憲法37条3項は，「刑事被告人は，いかなる場合にも，資格を有する弁護人を依頼することができる。被告人が自らこれを依頼することができないときは，国でこれを附する」と定め，刑事被告人の弁護人依頼権を保障している。

なお、37条3項後段は、刑事被告人にのみ国選弁護人依頼権を保障しているが、2004年の刑事訴訟法改正により、多くの犯罪について被疑者段階での国選弁護人依頼権が認められるに至っている（2006年施行）。

（4）不利益供述強要の禁止

日本国憲法38条1項は、「何人も、自己に不利益な供述を強要されない」と定め、被疑者・刑事被告人・証人が、不利益供述（刑罰、又はより重い刑罰を科される根拠となる事実の供述）を拒否した場合に、処罰その他法律上の不利益を与えることを禁じている。

38条2項は、「強制、拷問若しくは脅迫による自白又は不当に長く抑留若しくは拘禁された後の自白は、これを証拠とすることができない」と定めている。また38条3項は、「何人も、自己に不利益な唯一の証拠が本人の自白である場合には、有罪とされ、又は刑罰を科せられない」と定めている。被疑者・刑事被告人の、①任意性のない自白の証拠能力を否定するとともに、②たとえ任意性のある自白でも、これを補強する証拠が別にない限り、有罪の証拠とすることができないことを規定し、強引な取調べによる人権侵害を防ごうとしている。

（5）事後法の禁止と一事不再理

日本国憲法39条は、「何人も、実行の時に適法であった行為又は既に無罪とされた行為については、刑事上の責任を問はれない。又、同一の犯罪について、重ねて刑事上の責任を問はれない」と定めている。

39条前段の前半は、実行時に適法であった行為について後から刑事責任を問うことを禁止している（事後法の禁止、遡及処罰の禁止）。31条が罪刑法定主義（「法律なければ犯罪なし」）を謳う規定でもあることは既に述べたが、「事後法の禁止」又は「遡及処罰の禁止」は、罪刑法定主義の重要な帰結の一つであるといえよう。

39条前段の後半は、「既に無罪とされた行為」の処罰を禁止し、39条後段は、「同一犯罪」の二重処罰を禁止している。裁判がいったん確定すれば、被告人を「二重の危険」にさらしてはならないということから、「一時不再理」の原

則が規定されているととらえることができる。

（6）残虐刑の禁止

日本国憲法36条は，「公務員による拷問及び残虐な刑罰は，絶対にこれを禁ずる」と定めている。

拷問は，被疑者・刑事被告人から自白を得るために，その者に肉体的・精神的苦痛を与えることであり，かつては各国で広く行われていた。わが国でも明治憲法時代，旧刑法で禁止されていたにもかかわらず，実際にはこれがしばしば行われた。このことを反省し，36条は拷問を絶対的に禁止している。

「残虐な刑罰」とは，「不必要な精神的，肉体的苦痛を内容とする人道上残酷と認められる刑罰」とされている（最大判昭和23年6月30日刑集2巻7号777頁）。36条は，残虐な刑罰も絶対的に禁止している（死刑が残虐な刑に該当するかという問題については，第13章「刑事法」参照）。

第21章 経済活動の自由

1．経済的自由・財産権の保障

　日本国憲法は，経済活動の自由として，職業選択の自由（22条1項），居住・移転・外国移住の自由（22条1項，2項），及び財産権（29条）を保障している。そのため私たちは，自由に職業を選び，働いて得た収入を自分の財産として管理する権利を持っている。また，私たちは，どこに住みどこに移動するかを自由に選択することができる。

2．経済的自由・財産権の保障についての歴史的変遷

　かつての封建社会において，身分制に拘束された人々は，自由に職業を選ぶことや転居もできず，また特権的で排他的な職業別共同体によって個人の自由な営業活動も認められていなかった。こうした束縛から解放されて自立した経済力を得るため，市民は，自由な経済活動ができる権利の保障を求めて立ち上がったのである。こうして西欧市民革命の歴史において勝ち取られた経済的自由権は，例えば1789年のフランス人権宣言17条において「所有権は，神聖かつ不可侵の権利である」と規定されたように，当初はその不可侵性が強調されていた。

　その後，経済的自由権に支えられた資本主義経済は著しい発展を遂げたが，19世紀末から20世紀にかけて西欧諸国で資本主義が高度化すると，次第に大資本の保有する財産権や大企業が行う経済活動が，弱小な諸個人の生存を脅かすことが認識された。そこでは貧富の差の拡大，失業，貧困などが社会問題となった。こうした中で，経済的自由権の不可侵性は薄れ，むしろ，社会国家・福祉国家的見地から，これら経済的自由を法的に制約する必要が高まり，経済的自由権に対する制約は，社会権を実現するという見地から広範に許されるとするとらえ方が広く受け入れられるようになった。

日本国憲法においても，こういった歴史的変遷が反映されている。生存権（25条）を保障し，経済的自由権に「公共の福祉」による制約を明示している（22条1項，29条）ことからも明らかなように，日本国憲法は，社会国家・福祉国家を前提としたものとなっている。さらには，自由に対する規制の合憲性が裁判所で争われた場合の審査のあり方にも反映されている。経済的自由に対する制約の合憲性は，精神的自由のように厳格な基準ではなく，より緩やかな基準により審査される（このような基準の違いを「二重の基準」という）。

以下，職業選択の自由，居住・移転・外国移住の自由（日本国憲法22条1項，2項），及び財産権（同29条）についてみていく。

3．職業選択の自由

（1）職業選択の自由とは

日本国憲法21条1項は，「何人も，公共の福祉に反しない限り，（中略）職業選択の自由を有する」と規定している。職業選択の自由は，就職・開業といった選択について国家から侵害されないということを保障する。さらに，職業活動を遂行する自由を伴わないような選択の自由には意味がないのであるから，職業選択の自由には選択した職業を継続することについて侵害されないということの保障をも含む。

（2）職業選択の自由に対する制約

上で述べたように，経済的自由権である職業選択の自由は，公共の福祉により比較的広範な制約を受ける。第一に，職業活動の自由による過当競争が消費者に健康や安全に危険をもたらすような場合に，その弊害を除去・防止するための規制が可能であるとされている。これを消極規制という。第二に，過当競争により経済的なアンバランスが生じた場合，経済的弱者保護の観点からの規制が可能であるとされている。これを積極規制という。

消極規制の合憲性が争われたリーディング・ケースとしては，薬事法距離制限違憲判決（最高裁大法廷1975年4月30日）をあげることができる。最高裁判所は，薬局の開設に関して距離制限を設けていた薬事法（現在の医薬品医療機器等法の当時の法律名）について，薬局の適正配置規制は，主として国民の生

命及び健康のために不良医薬品の供給や医薬品濫用の危険を防止するという消極目的の規制であり，その規制目的自体は合憲としたが，そのための手段として距離制限が達成目的のために必要かつ合理的なものとはいえないとした。

これに対して積極規制の合憲性が争われたリーディング・ケースとしては，小売市場距離制限合憲判決（最高裁大法廷1972年11月22日）をあげることができる。最高裁判所は，小売市場の開設について距離制限を設けていた小売商業調整特別措置法について，経済的基盤の弱い小売商を保護するという積極目的の規制であり，その規制目的を合憲とした上で，距離制限という規制手段の相当性についても，「当該法的規制措置が著しく不合理であることの明白な場合に限って」違憲とすべきであるとする，いわゆる「明白性の基準」を採用して合憲とした。

このように，最高裁判所は，職業選択の自由に対する制約についての合憲性判断において，消極目的規制か積極目的規制かによって異なる判断基準を用いている（規制目的二分論）。

近年において職業選択の自由に対する制約が問題となった判例として，医薬品のネット販売規制事件判決（最高裁第２小法廷2013年１月11日）や，風営法（正式な法律名は「風俗営業等の規制及び業務の適正化等に関する法律」である）によるダンス営業規制事件判決（最高裁第３小法廷2016年６月７日）などがあげられる。医薬品のネット販売の規制に関して，最高裁判所は，「第１・２類医薬品の郵便等販売を一律に禁止する厚生労働省の規定は，新薬事法の委任の範囲を逸脱した違法なものとして無効」として，かぜ薬や解熱鎮痛剤などのいわゆる大衆薬についてネット販売を認めた。また，客にダンスをさせるクラブを無許可で営業したとして，クラブ経営者が風俗営業法違反に問われた事件について，最高裁判所は，高裁の無罪判決を支持し，当該クラブは風俗営業に当たらず風営法の対象外として無罪であるとした。

4．居住・移転・外国移住の自由

（1）居住・移転・外国移住の自由とは

日本国憲法22条１項は，職業選択の自由とともに，「何人も，公共の福祉に反しない限り，居住，移転（中略）の自由を有する」と規定し，同22条２項

は，「何人も，外国に移住し，又は国籍を離脱する自由を侵されない」と規定する。この自由は，国外を含めどこに住みどこに移動するかを自由に選択できることを保障しており，旅行の自由をも含む。封建社会においては，人々は領主の支配地と身分に束縛され，どこに住みどこに移動するかを自由に選択することはできなかった。職業選択の自由も居住・移転・外国移住の自由も封建制の打破と密接に関連しているため，ともに経済的自由として前述のとおり日本国憲法22条に規定されている。

　ただし，居住・移転・外国移住の自由は，身体の拘束からの解放される意義も有しており人身の自由ともいえる。また，これらの自由がなければ，他人との知的な交流の機会も持てないことから精神の自由として要素も有する。

（2）居住・移転・外国移住の自由に対する制約

　居住・移転・外国移住の自由は，人身の自由や精神の自由ともいえることから，職業選択の自由のように社会国家・福祉国家を前提とした制約ではなく，自由国家的意味での公共の福祉によってのみ制約される。また，制約の合憲性は，精神の自由のように厳格な基準によって判断される。

　現代において私たちは，居場所や行き先を当たり前のように自由に選択しており，国内での移動においてこれらの自由への制約が問題となることは少ないが，海外への渡航の自由に対する制約についてはしばしば問題となっている。代表的な判例として帆足計事件判決（最高裁大法廷1958年9月10日）があげられる。この事件は，1952年，元参議院議員の原告がモスクワで開催される国際会議に出席するため旅券（パスポート）を申請したところ，外務大臣がその発給を拒否した事件である。日本国憲法22条2項は一時的な海外旅行の自由を含み，さらには帰国の自由も同時に保障されていると解されるところ，最高裁判所は，当時の旅券法13条1項5号は，「著しく且つ直接に日本国の利益又は公安を害する行為を行う虞があると認めるに足りる相当な理由がある者」には旅券を発行しないことを認めており，この規定は，海外渡航の自由に対して，「公共の福祉」のために合理的な制限を定めたものであるから違憲ではないとした。しかしながら，この規定は要件が極めてあいまいであり，学説には，人身の自由や精神的自由としての意義をも含む居住・移転・外国移住の自

由への制約として文言上違憲であるとする見解や，この規定につき刑法の内乱罪や外患罪，麻薬取締違反などの一定の犯罪行為を行う危険性が極めて高い者に限って適用されると合憲限定解釈をする見解がある。

また，海外渡航の自由に関連して，「特別永住者」あるいは「永住者」といった在留資格で日本に在留する外国人の再入国について，出入国管理及び難民認定法は法務大臣に広範な裁量を認めている。一定の外国人についても，日本から海外への渡航の自由が認められるのであり，法務大臣の恣意的な判断により，生活の本拠たる日本に帰国できないことは違憲となり得る。

5．財産権の保障

（1）財産権の保障とは

日本国憲法29条1項は，「財産権は，これを侵してはならない」と規定している。この規定は，自己の財産を国家から侵害されない，という各人が具体的に享受している財産上の権利を保障するという面と，私有財産制度の本質ないし核心の部分を立法が侵害することを禁ずる，すなわち私有財産制度を保障するという面，この2つの面を持っていると考えられている。

（2）財産権に対する制約

財産権についても職業選択の自由と同じように，現代においてはその不可侵性は薄れ，むしろ，財産権に対する制約は社会権を実現するという見地から広範に許されると考えられている。そのことは，日本国憲法29条2項が，「財産権の内容は，公共の福祉に適合するやうに，法律でこれを定める」と規定していることに表れている。財産の所有者も完全に自由な使用・収益・処分権を有するわけではなく，公共の福祉のより比較的広範な制約を受ける。

財産権に対する制約の合憲性について争われたリーディング・ケースとしては，森林法違憲判決（最高裁大法廷1987年4月22日）をあげることができる。この事件は，当時の森林法は，森林の生産力向上を目的として，民法の規定にかかわらず，森林の持ち分が2分の1以下の共有者による分割請求は認められないとされていたため，2分の1以下の持ち分しかない原告は分割請求ができないことになり，この森林法の規定が財産権を保障した日本国憲法29条に違

反して違憲であると主張した事件である。これに関して，最高裁判所は，「財産権に対し規制を要求する社会的理由ないし目的も，（中略）積極的なものから（中略）消極的なものに至るまで多岐にわたるため，種々様々でありうる」と述べて，規制目的二分論のあてはめにはよらず，分割制限という規制手段につき「立法目的を達成する規制手段として合理性に欠け，必要な限度を超える」との理由で違憲とした。規制目的二分論を採用したとされる職業選択の自由に対する制約における合憲性判断とは異なり，規制によって得られる利益と失われる利益の個別具体的な利益衡量によって判断した。

（3）損失補償

さらに，日本国憲法29条3項は，「私有財産は，正当な補償の下に，これを用ひることができる」と規定する。この規定は，私有財産と公共の必要性を調整するものである。すなわち，国や地方自治体は，学校，道路，ダム，空港などを建設するために所有者の意思に反してでも私有財産を入手しなければならない場合，強制的にその私有財産を収用することができるが，特定個人の「特別の犠牲」に対しては，「正当な補償」が必要とされるのである。

ここでは何が損失補償の対象になる「特別の犠牲」なのか，「正当な補償」とは何が「正当」なのかが問題となる。公共の利用のために財産が侵害され，本来なら全国民が平等に負担すべき損失を特定の人だけが負担する状態であり，一般的に考えてもその財産の侵害が受忍限度を超えるようなものであるような場合は「特別の犠牲」であるとされる（特別犠牲説）。例えば，治水のためのダムが建設されることになり，ダムにより水没する土地において田畑や家を所有して住み，そこで農家として生活をしてきた人については，これらの土地が収用される場合，「特別の犠牲」があるといえる。もっとも，日本国憲法29条2項は立法者に財産権の無償での制約権限を与えており，また，「特別の犠牲」はケースバイケースであることから，実際に補償の要不要の判断をするのは難しい。次に，「正当な補償」の意義については，市場価格を基準とする「完全補償説」と，それ以下でもよいとする「相当補償説」があるとされる。判例は農地改革事件（最高裁大法廷1953年12月23日）において，相当補償説を採用している。

第22章 社会権

1. 自由権と社会権

　19世紀以降の市民社会は自由権とともにその歩みを始める。その19世紀型基本的人権である自由権に遅れること1世紀，基本的人権のひとつである社会権（生存権・教育を受ける権利・労働者の権利）は，20世紀になってようやく登場する。20世紀型の基本的人権である。国家の不作為を要求する自由権と国家の作為を要求する社会権。この2つは，全く異なるタイプの人権である。

(1) 社会権の登場

　基本的人権は最初，心身の自由や経済活動の自由など，国家権力により侵すことのできない，個人の自由をその主たる内容とした。自由とは，すなわち国家権力からの自由を意味する。そして，これら自由を内容とする基本的人権を指して「自由権」と呼び，これが国家により保障されればそれでよしと，19世紀初めの人々は考えていた。ところが，その保障の果て実際訪れたのは，19世紀後半以降の資本主義経済発展に伴う貧富の差の拡大である。そこで，この社会の歪みを是正するため，「社会権」（すべての者が人間たるに値する生活を営み得るよう国家の配慮を求める権利）が登場することになる。ドイツ・ワイマール憲法（1919年）が，この社会権の端緒を開き，その後，各国憲法がこれを採り入れる[1]。日本国憲法も，これを採り入れた憲法のひとつである。

[1] ワイマール憲法151条1項は「経済生活の秩序は，すべての者に人間たるに値する生活を保障する目的をもつ正義の原則に適合しなければならない。この限界内で，個人の経済的自由は，確保されなければならない」と規定し，無制限な経済的自由を否定する。

(2) 国家のあり方の変化

　自由権が生成された時代には、国家は人々の生活に干渉することなく、ただ治安の維持にさえ当たればよい、と考えられていた。いわゆる夜警国家（自由国家）である。国家の自由放任のもと、活発な経済活動が展開され、個々人の関係もまた、予定調和よろしく安定したものになると考えられていたのである。ところが、資本主義を否定する社会主義が提唱され、資本家と労働者階級の対立が激化するなど、そうではない事態が出来する[2]。そこで、資本主義を否定しないまでも、およそ国家はそのあり方を変えざるを得ず、従来の消極的態度を改め、積極的に人々の生活に関与し、福祉の増進に勤しむことになる。こうした国家が福祉国家（社会国家）であり、この福祉国家の下、夜警国家にあっては自由を享受できなかった人々、つまり労働者階級にも、社会権を通じて、国家権力による自由が与えられることになる。

　　[2] 以後1917年には、社会主義国家・ソビエト連邦が成立し、さらに、東欧諸国をはじめとする数多くの社会主義国家が成立する。

2. 生存権

　かつて社会権は「生存権的基本権」と呼ばれ、「自由権的基本権」と呼ばれる自由権と相対して語られた。この「生存権的基本権」という表現からもわかるように、日本国憲法25条の生存権規定は社会権の中核である。

(1) 生存権の意義と法的性格

　日本国憲法25条は、その1項に「すべて国民は、健康で文化的な最低限度の生活を営む権利を有する」と国民に生存権を保障し、2項に「国は、すべての生活部面について、社会福祉、社会保障及び公衆衛生の向上及び増進に努めなければならない」と、生存権を実現する国家の責務を明らかにする。福祉国家たることを明示する規定である。

　生存権の法的性格については、かねてより議論がなされてきた。この議論で唱えられた、①プログラム規定説、②法的権利説を整理しておこう。

1）プログラム規定説

　生存権は国政の指針を示すのみであり、国家を拘束する法的な権利を規定し

たものではない。したがって，生存権により何らかの具体的請求を国家になすことはできないと説明する。日本国憲法施行後，早くから唱えられた学説である。

2）法的権利説

　法的権利説はまた，「抽象的権利説」「具体的権利説」と呼ばれる二学説に分けられる。抽象的権利説は，生存権が法的権利であることは認めるが，その「健康で文化的な最低限度の生活」という内容がいかにも抽象的であることから，内容を具体化する立法をまって，はじめて権利を具体的なものとすることができると説明する。例えば，生存権自体を根拠として生活扶助を請求することはできないが，生存権を具体化した生活保護法を通じて，その請求が可能になるということである。

　具体的権利説は，どのような立法が必要かを示し，立法府を拘束するほどに具体的な法的権利であるとして生存権を理解する。そして，もし必要な具体化立法がなされていない場合には，その立法不作為につき違憲確認の訴訟をなし得ると説明するのである。また同じく，具体的権利説の名称の下，生存権の具体的権利性を言葉どおりに認め，生存権を根拠として，「健康で文化的な最低限度の」生活扶助を請求することができると説明されることもある。

（2）生存権と法律

　これら三学説のうち抽象的権利説が現在の通説であり，以下に例示した生活保護法は，その1条に同法が日本国憲法25条の理念に基づくことを明記し，生存権を具体化した法律であることを示す[3]。その他，日本国憲法25条2項に掲げる，「社会福祉」「社会保障」「公衆衛生」分野において生存権を実現する法律，例えば，児童福祉法，国民年金法，大気汚染防止法など数多くの法律が生存権に由来するものとして制定されている。抽象的権利説によれば，これら法律の運用などに争いが生じた場合，「健康で文化的な最低限度の生活」という生存権の基準が，その判断基準として用いられることになる。

　　[3] 生活保護法1条は「この法律は，日本国憲法第25条に規定する理念に基き，国が生活に困窮するすべての国民に対し，その困窮の程度に応じ，必要な保護を行い，その最低限度の生活を保障するとともに，その自立を助長することを目的と

する」と規定する。

（3）朝日訴訟

　生存権をめぐる訴訟として，とりわけよく知られる朝日訴訟を紹介する。肺結核のため国立の療養所に入所し，生活保護の扶助を受けていた朝日茂氏が，1956年8月に行われた社会福祉事務所による生活保護基準変更の取消しを求め，厚生大臣を被告とする行政訴訟を東京地裁に提起する。争点のひとつは最高月額600円という日用品費（厚生省の保護基準）が，生活保護法3条の「この法律に保障される最低限度の生活は，健康で文化的な生活水準を維持することができるものでなければならない」という規定にかなうかどうか，ということである。この訴えを受け，東京地裁は生活保護法3条を生存権由来の規定として両者を一体に論を進め，かつ健康で文化的な最低限度の生活水準は，「それが人間としての生活の最低限度という一線を有する以上理論的には特定の国における特定の時点においては一応客観的に決定すべきものであり，またしうるものである」として，最高月額600円の日用品費が所論の生活水準を充たすかどうかを詳細に検討した結果，それを否として，生活保護基準の変更を違法なものと判断する（1960年10月19日，東京地裁判決）。地裁レベルながら，生存権論中に抽象的権利説を展開した，画期的判断である。

　この東京地裁の判断は控訴審で覆され（1963年11月4日，東京高裁判決），これに対して最高裁への上告がなされるが，中途に朝日氏が死亡し，訴訟が終了する。最高裁は判決傍論で生存権に言及するが，東京地裁のように生存権の法的権利を認めることなく，食糧管理法違反被告事件（1948年9月29日，最高裁大法廷判決）を踏襲してプログラム規定説を採る[4]。ただ，厚生大臣がその裁量で保護基準を設定する際に，「現実の生活条件を無視して著しく低い基準を設定する等憲法及び生活保護法の趣旨・目的に反し，法律によつて与えられた裁量権の限界をこえた場合または裁量権を濫用した場合には，違法な行為として司法審査の対象となることをまぬかれない」との見解を示す（1967年5月24日，最高裁判決）。生存権の裁判規範性を認めたと考えられる判決である[5]。傍論ではあるが，なお最高裁の判断として注目すべきものであろう。

　　[4] 戦後の食糧不足に対処するため制定された食糧管理法が，生存権を侵害し，日

本国憲法25条に違反するかどうかが問題とされた。生存権の法的性格が問われた初めての事件である。

5) 同様に生存権の裁判規範性を認めたものに堀木訴訟（1982年7月7日, 最高裁判決）がある。国民年金法に基づく障害福祉年金と児童扶養手当との併給を禁止する, 当時の児童扶養手当法4条3項3号の違憲性が争われた。朝日訴訟傍論では, 行政行為の適否につき, 生存権が裁判上の判断基準となることが示された。この堀木訴訟では, 立法行為の適否についても, 同じことが示されたわけである。

3. 教育を受ける権利

日本国憲法26条は, その1項に「すべて国民は, 法律の定めるところにより, その能力に応じて, ひとしく教育を受ける権利を有する」と, 国民の教育を受ける権利を規定し, その2項に「すべて国民は, 法律の定めるところにより, その保護する子女に普通教育を受けさせる義務を負う。義務教育は, これを無償とする」と, 保護する子女の教育に対する国民の義務と無償教育について規定する[6]。教育において生存権を実現するための規定である。

6) この規定に基づき, 教育基本法や学校教育法などが制定され,「法律の定めるところにより」教育行政が実施される。教育基本法は, 戦前の教育の方針とされた教育勅語（1890年（明治23年）発布。天皇陛下が直接臣民に下賜するお言葉という形式をとり, その内容は近代民主主義の政治原理と相容れない）に代わる重要な法律であり, 1947年に制定され, その後, 2006年の改正により道徳心教育・愛国心教育がその内容に追加された。

(1) 学習権と教育の機会均等

「学習権」と呼ばれる新しい人権（憲法に明文規定なき人権）があるとの考え方が1960年代より提唱され, 広く受け入れられている。学習を通じて, 個人が人間として成長し, 自己の人格を完成させる権利である。

国民すべてが, ひとしくこの学習権を享受できることを日本国憲法26条は謳い, とりわけ経済面における教育の機会均等を図る[7]。義務教育の無償制（授業料不徴収）の実施と教科書の無償配布（1963年以降。「義務教育諸学校の教科用図書の無償措置に関する法律」による）は, 子女を就学させる保護者一般の経済的負担を軽減し, 教育の機会均等を図る施策のひとつである。また, 学校教育法19条（保護者に対する援助）は「経済的理由によって, 就学困難と認め

られる学齢児童（小学生）又は学齢生徒（中学生）の保護者に対しては，市町村は，必要な援助を与えなければならない」と規定し，経済的負担を軽減してもなお，子女を義務教育に就かせることが困難な保護者を特に援助する。

7) 教育基本法4条（教育の機会均等）1項は「すべて国民は，ひとしく，その能力に応じた教育を受ける機会を与えられなければならず，人種，信条，性別，社会的身分，経済的地位又は門地によって，教育上差別されない」と規定し，教育上差別が許されない項目として，「経済的地位」を明記する。経済面の問題に留意していたことがうかがえる。

（2）教育権の所在

教育内容を誰が決定するかということについて，国がその決定権を持つとする国家教育権説と，国は教育条件の整備を行う責務を負うに過ぎず，教育内容の決定権は「保護する子女に普通教育を受けさせる義務を負う」親とその付託を受けた教師にあるとする国民教育権説とがある。全国中学校一斉学力テストに反対する教師たちが，その実施を阻止しようとして，公務執行妨害で起訴された旭川学テ事件（1976年5月21日，最高裁大法廷判決）は，判決中この問題に触れ，国家教育権説・国民教育権説のどちらか一方に与することはない，とした。教育への国の介入を大きく認めると，つまりは教育の国家統制にもつながり，不具合である。しかしながら，児童生徒に大きな影響力を持つ教師ひとりに教育内容の決定権を委ねることも，やはりまた，不具合なしではない。教師を批判する能力が児童生徒に十分備わっているとは言い難いからである。最高裁の判断は，この2つの不具合を見据えたものである。

4．労働者の権利

社会権が生成された背景には，過酷な労働条件を耐え忍ぶ労働者たちの姿があった。生活の糧を得るため，唯々諾々と資本家＝使用者の命に従う。理不尽な社会体制に抗うよう，彼らが手にした力が勤労権と労働基本権である。

（1）勤　労　権

日本国憲法27条1項は「すべて国民は，勤労の権利を有し，義務を負う」と規定する。ここにみえる「勤労の権利」は抽象的権利であると考えられ，具

体的な請求は，例えば，職業安定法（職業安定所などを通じて，各人に適当な職業に就く機会を与える）などの具体化された法律を通じて行われる。また，2項は「賃金，就業時間，休息その他の勤労条件に関する基準は法律で定める」と規定する。この基準を定める法律として，例えば，労働基準法をあげることができるが，同法は国が介入することにより，労働者不利となる劣悪な労働条件を排除する[8]。労働者保護の最たるものである。

[8] 労働基準法1条は「労働条件は，人たるに値する生活を営むための必要を充たすべきものでなければならない」と規定する。いわゆる契約自由の原則によると，当事者の合意さえあれば，いかような契約内容，つまり労働条件も許容されることになるが，労働基準法1条のこの規定は，労働者保護のために同原則を修正したものである。なお，契約自由の原則（契約締結の自由，契約相手方の自由，契約内容の自由などからなる）は，所有権の絶対，過失責任とともにフランス民法典（1804年）中に，初めて示された近代民事法の大原則である。

（2）労働基本権

　労働者一人ひとりが使用者と相対することは，もとより難しい。そこで，日本国憲法28条は「勤労者の団結する権利及び団体交渉その他の団体行動をする権利は，これを保障する」として，労働者の団結権をまず保障し，労働者と使用者の対等化を図る[9]。その上で団体交渉権（労働条件などにつき使用者と交渉する権利）と争議権（交渉の目的を達するために，業務の正常な運営を阻害する権利）を保障する。これら三権をあわせて「労働基本権」と呼び，この労働基本権には，①刑事免責（正当な争議行為につき刑事責任が問われることはない），②民事免責など（労働基本権を制約する契約は無効とする。使用者の事実行為による侵害は違法と評価し，損害賠償の対象とする。正当な争議行為は債務不履行にも不法行為にもならず，損害賠償の対象とされない），③救済手続（組合活動を理由とする解雇などの不当労働行為に対する，労働組合法上の労働委員会による救済など）という，3つの保障がある。

[9] 労働組合法は，「労働者が使用者との交渉において対等の立場に立つことを促進することにより労働者の地位を向上させること」など（1条）を目的として制定されている。

第23章 参政権と義務

1. 参政権

(1) 公務員の選定・罷免権

　日本国憲法15条1項は，「公務員を選定し，及びこれを罷免することは，国民固有の権利である」と定めている。公務員（立法・行政・司法に関する国及び地方公共団体の事務を担当する職員）の地位が終局的には国民の意思に基づくという国民主権原理を，国民の権利の観点から定めたものであり，参政権（国民が国の政治に参加する権利）の中核的位置を占める権利の規定であるといえよう。

　もっとも15条1項は，すべての公務員が国民によって直接に選定・罷免されることを，必ずしも意味するものでない。日本国憲法上も，①国民による直接的な選定として，国会議員（43条），並びに地方公共団体の長や，その議会の議員等（93条2項）の選挙，②直接的な罷免として，最高裁判所裁判官の国民審査（79条2項）につき，規定が設けられているのみである。内閣総理大臣・国務大臣・裁判官等については，それぞれ独自の選定（罷免）権者が規定されている（6条・67条・68条・79条・80条）。また，日本国憲法で任免に関する機能・手続が明記されているもの以外の公務員について，国民の選定・罷免権をいかに具体化するかは，国会が公務の種類・性質を考慮しつつ決定すべきことと解されている。

　なお，15条2項は，「すべての公務員は，全体の奉仕者であって，一部の奉仕者ではない」と定める。15条1項の規定は，公務員の地位が，明治憲法下の「天皇の官吏」から，現行憲法下の「国民の公務員」へと転換したことを表明するものでもあるが，このような地位に対応して，国民主権下における公務員の基本的性格，職務遂行のあり方（国民全体の利益のために職務を行わなければならず，国民の一部・一階層・一党派のために行動してはならないこと）が示さ

れているといえよう。

(2) 普通選挙・秘密投票の保障

日本国憲法15条は，さらに3項で「公務員の選挙については，成年者による普通選挙を保障する」と定め，4項で「すべて選挙における投票の秘密は，これを侵してはならない」，「選挙人は，その選択に関し公的にも私的にも責任を問はれない」と定めている。国民が公務員を直接に選定する場合の基本原則として，普通選挙が保障され，また秘密投票，選挙人の無答責性も保障されているのである[1]。

[1] 選挙に関する基本原則としては，「普通選挙」「秘密投票」のほか，「平等選挙」（各人の投票が平等の価値を持つ選挙）の原則が重要である。「平等選挙」との関係では，「一票の格差問題」（議員定数の不均衡）が課題となっている（第18章「法の下の平等」参照）。

1）普通選挙

普通選挙は，制限選挙に対置されるものであり，人種・信条・性別・社会的身分・門地・教育・財産・収入などを，とりわけ財力（納税額）を選挙権取得の要件としない選挙をいう。この選挙が保障される「成年者」については，民法の「成年」に合わせ，満20歳以上の者とされていたが，2015年に公職選挙法が改正され（2016年施行），選挙権年齢は「満18歳以上」に引き下げられた（2018年，民法の「成年」も満18歳に引き下げられ，2022年より実施されることになった）。

在外日本国民（国外に居住していて国内の市町村の区域内に住所を有していない日本国民）の選挙権行使については，かつて「対象となる選挙を衆議院及び参議院の比例代表選挙に限る」という制約が設けられていたが，最高裁は，このことに対して厳しい態度を示した（最大判平成17年9月14日民集59巻7号2087頁）。その後，公職選挙法が改正され，現在では，在外日本国民もすべての国政選挙に参加できるようになっている。

2）秘密投票

秘密投票は，投票の内容を外部に知らしめない制度のことであり，公職選挙法は，無記名投票（46条4項），投票用紙の公給（45条），投票内容の陳述義務

の否定（52条），投票の秘密侵害罪（227条）などの規定を設け，この制度を具体化している。なお，何らかの理由で投票内容が判明しても，選挙人はその投票における選択を理由にして責任を問われない。

日本国憲法15条4項は，「投票の自由」（有権者が圧力を受けることなく自由な意思で投票内容を決定できること）を確保するための規定であるといえよう。

2．選挙制度と選挙権

(1) 選挙制度の分類

選挙制度は，「選挙区制（選挙区定数）」の面に焦点を当てると，「小選挙区制（single-member district system）」と「大選挙区制（multi-member district system）」に分類できる。前者は，1つの選挙区から1人が選出される制度であり，後者は1つの選挙区から2人以上が選出される制度である（比例代表制は，大選挙区制の一種である）。

また選挙制度は，「代表制」の面に焦点を当てると，「多数代表制（majority representation）」と「比例代表制（proportional representation system）」に分類できる。前者は，当選者がその選挙区の有権者の多数派を代表している制度であり（さらに「相対多数制」と「絶対多数制」に分けられる），後者は，大選挙区全体の定数（議席数）を各政党の得票率（有権者は政党名を投票用紙に記入する）に比例するように配分する制度である。

なお，以下に記す衆参両院議員の選挙制度については，第24章「立法権」でも解説しているので，参照されたい。

(2) 衆議院議員の選挙制度

わが国の衆議院議員選挙は，各選挙区の定数を3～5人程度とする制度（中選挙区制と呼ばれるが，大選挙区制の一種である）を長く採用していたが，1994年の公職選挙法改正を通じて，小選挙区比例代表並立制を導入するに至った。有権者は，各人2票を投票し，小選挙区選挙では候補者1人の氏名を記入し，比例代表選挙では政党等の名称又は略称を記入する方式が採用されることになった（比例代表選挙では，全国を11ブロックに分け，それぞれのブロックごとに，票が集計されて各政党等への議席配分が行われる）。

この新たな選挙制度は，大政党に有利な小選挙区制と，中小政党に有利な比例代表制を並立させることにより，政党間の議席配分のバランスをとる制度であった。二大政党化を促す小選挙区制を導入することがねらいであったが，民意の反映という点を顧慮して比例代表制を加味した制度であったともいえる。

また，この新選挙制度では，各ブロック内において，1人の候補者が小選挙区選挙と比例代表選挙の双方に立候補できる「重複立候補制」が設けられた。小選挙区で落選した候補者が比例代表で当選できるようにされた制度であり，この比例代表での当選か否かを決める際には，「惜敗率」（小選挙区における本人の得票数が，当選者の得票数の何％であったか）の計算をする方式が用いられることになった。各政党等の候補者名簿については，重複立候補者に限って同一順位に並べて届け出ることとし，選挙後は，「惜敗率」の高い順に，同一順位の候補者に優先順位を付けて復活当選者[2]を決定していく，という方式である。

「重複立候補制」は，小選挙区選挙で示された選挙人の意思に反する結果を認めるものであり，選挙権を侵害するのではないか，との憲法問題が提起されたが，最高裁は，選挙制度に係る国会の裁量を選挙権に優先させる判断を示している（最大判平成11年11月10日民集53巻8号1577頁）。

[2] この復活当選については，その後，有効投票の10分の1の得票に満たなかった小選挙区落選者が除外されるなどの法改正が行われた。

（3）参議院議員の選挙制度

参議院議員選挙は，各都道府県を単位とする選挙区選挙と，全国を一区とする比例代表選挙からなる，二本立ての選挙制度を採用している。

選挙区選挙では，各都道府県に2～12人の定数を配分しているが，3年ごとに議員の半数を改選するため，1回の選挙では，各都道府県に1～6人の定数を配分することになり，小選挙区選挙（定数1）と大選挙区選挙（定数2以上）が並行して実施されることになっている[3]。

[3] 農村部から大都市部への人口移動が急速に進んだ結果，過半数の選挙区において小選挙区選挙が実施されている。なお，2016年選挙より，「鳥取・島根」「徳島・高知」で選挙区を統合する「合区」が導入されたが，合区には当然，1回の選挙

につき定数1人が配分されている。合区については，第18章「法の下の平等」参照。

　比例代表選挙では，有権者は1票を投票し，各政党等の名簿に登載されている候補者1人の氏名を記入するか（個人票），政党等の名称又は略称を記入するか（政党票）を選択する方式が採られている。各政党等の得票総数は，個人票と政党票を合算した数であり，この得票総数に基づく得票率に比例するかたちで，各政党への議席配分が行われている。

　比例代表選挙は，2000年の法改正で，拘束名簿式（政党が届け出た候補者名簿には順位が付けられており，この順位に応じて当選人数まで当選させる方式）から，非拘束名簿式（候補者名簿には順位が付けられておらず，候補者の獲得した個人票の多い順に当選人数まで当選させる方式）に変更された。

　このような比例代表制においては，名簿上の特定候補者には投票したいが，その名簿を届け出た政党には投票したくない選挙人がいた場合，選挙人の投票意思に反する結果（特定候補者名を記載した投票が所属政党への投票にもなること）を生み出す点で，選挙権を侵害するのではないか，との憲法問題が提起されたが，最高裁は，名簿式比例代表制は政党を選択する制度であり，非拘束名簿式の下で，名簿上の候補者名を記載した投票がその政党への投票となるのは当然であると判示している（最大判平成16年1月14日民集58巻1号1頁）。

3．基本的義務

(1) 教育を受けさせる義務

　日本国憲法26条2項前段は，「すべて国民は，法律の定めるところにより，その保護する子女に普通教育を受けさせる義務を負ふ」と定めている。「普通教育」は，職業教育・専門教育に対置されるものであり，すべての人間にとって共通に必要な基礎教育を意味する。26条1項の「教育を受ける権利」は，国民，とりわけ子どもの学習権という観念を中心に把握されてきている。子どもが，自らを成長・発達させ，自己の人格を完成・実現していく上で必要な学習をする際，普通教育を受けることは不可欠である。子どもは，普通教育を自己に施すことを，大人一般に対して要求する権利を有しており，この権利に対応して，上記の義務が，保護者たる国民に課せられているのである。

したがって、国民のこの義務は、形式的には国家に対して負うものであっても、実質的には保護する子女に対するものだということができよう。ちなみに、子どもの「普通教育を受ける権利」を中心にすれば、保護者には「普通教育を受けさせる義務」があり、国家には「義務教育制度の整備義務」があるという関係が成り立つと考えられる。

26条2項前段を受けて、教育基本法は国民に対し、その保護する子に普通教育を受けさせる義務を課している（5条1項）。また、学校教育法は、保護者（子に対して親権を行う者または未成年後見人）に対し、その子を就学させる義務を課す（17条）とともに、この義務の違反に対しては制裁（10万円以下の罰金）を科している（144条）。ただし、子が病弱などの際には、この義務の猶予・免除を認めている（18条）。

（2）勤労の義務

日本国憲法27条1項は、「勤労の権利」を保障するとともに、「すべて国民は、勤労の（中略）義務を負う」と定める。この義務規定は、勤労の能力・機会を持つ者は、自己の勤労によってその生活を維持すべきであるという精神的訓示を与えるにとどまり、国家が国民に労働を強制するようなことの法的根拠にはならないものと、一般に解されている。

しかし、勤労の能力・機会を有しながら勤労をしようとしない者には、「生存権」や「勤労の権利」の保障が及ばないという意味において、この義務規定に法的効力を認める見解も、今日では有力である。実際、社会国家的給付を定める法律においては、勤労の義務を尽くしたことや勤労の意思を有することが給付の条件とされており（例えば、生活保護法4条1項や雇用保険法4条3項）、これらの規定は日本国憲法の趣旨を具体化したものと解されている。

（3）納税の義務

日本国憲法30条は、「国民は、法律の定めるところにより、納税の義務を負ふ」と定める。国民の納める租税によって、国家の財政が維持され、国家の存立と国政の運営が可能となるのであるから、納税は国民の当然の義務と解されている。

この義務は,「法律の定めるところにより」具体化される。日本国憲法84条は,財政に対する国会の権限という側面から,租税法律主義の原則を定めているが,本条は,国民の納税義務という側面から,この原則を規定したととらえることができよう。

第24章 立法権

1. 国会と立法権

(1) 国会の地位

日本国憲法41条は「国会は、国権の最高機関であって、国の唯一の立法機関である」と定めている。

「国権の最高機関」については、国会が、選挙を通じて主権者国民と結び付いている重要な機関であることを肯定的に形容する表現に過ぎないとする説（政治的美称説）が有力である。

「唯一の立法機関」については、まず「立法」の意味が問題となる。「形式的意味の立法（「法律」という名の法を制定すること）」ではなく、「実質的意味の立法（一般的・抽象的法規範を定立すること）」と理解する説が有力である。「国会は…唯一の立法機関」を、単に「国会のみが『法律』を制定できる」と解するのではなく、「国会のみが『法律』の制定を通じて他の機関（特に内閣）の行為の前提になる法規範を定立することができる」と解するのである。

また、「唯一の立法機関」については、①国会が、憲法に特別の定めがある場合（議院規則、最高裁判所規則）を除いて、国の立法権を独占すること（国会中心立法の原則）、②立法が他の国家機関の関与を受けずに国会の手続のみで完了すること（国会単独立法の原則）を意味すると解されている。

(2) 国会の組織・活動

1）二院制

日本国憲法は、「国会は、衆議院及び参議院の両議院でこれを構成する」（42条）と定めて、二院制を採用している。「両議院は、全国民を代表する選挙された議員でこれを組織する」（43条1項）とし、成年者による普通選挙によって議員を選出することを定めている（15条3項・44条）。上院（第二院）が下院

（第一院）と同様に民選の議会であり，第二次的な議会として設置されるという「民主的第二次院型」が採用され，議会への民意の忠実な反映が企図されている。

衆議院（第一院）と参議院（第二院）の議員が国民代表として同一の地位にあるため，日本国憲法は，両議院の議員の兼職（「同時に両議院の議員たること」）を禁じている（48条）。また，議員の任期に差異を設け，衆議院議員の任期を4年（ただし衆議院解散の場合は，その時点で任期は終了する），参議院議員の任期を6年（3年ごとに議員の半数を改選する）と定めている（45条・46条）。参議院議員に衆議院議員よりも安定した地位を与えることにより，衆議院（第一院）に対する抑制的機能を参議院（第二院）に期待していると考えられる。

両議院は，同時に，かつ互いに独立して活動を行う（同時活動の原則，独立活動の原則）。日本国憲法は，「衆議院が解散されたときは，参議院は，同時に閉会となる」とのみ定めるが（54条2項），両議院の召集・開会・閉会が同時に行われるべきことは，二院制の性質から導かれるといえる（例外として，参議院の緊急集会がある）。各議院が独立して議事・議決を行うべきことについても，二院制の性質に由来すると考えられる（両議院の意見が一致しないときは，両院協議会が開かれる）。

両議院の意思が合致したとき国会の意思が形成されるのが原則であるが，日本国憲法は，①内閣不信任決議権（69条），予算先議権（60条1項）などを衆議院にのみ認め，②法律・予算の議決，条約の承認，内閣総理大臣の指名において衆議院の優越を認めている（59条・60条・61条・67条）。

緊急の必要に対応するため国会の意思形成を容易にしなければならない場合もあること，議員の任期や解散制度等の点から衆議院のほうが民意をより直接に代表する機関であると考えられることなどが，その理由としてあげられている。

2）議員の選挙制度

両議院の議員は選挙によって選出されるが，選挙制度の詳細は公職選挙法によって定められている[1]。

衆議院議員選挙については，中選挙区制（各選挙区の定数を3〜5人程度とする制度）が長く採用されてきたが，1994年に，小選挙区比例代表並立制に改め

られた（第23章参照）。当初，定数は500人（小選挙区選出議員300人，比例代表選出議員200人）と定められていたが，その後公職選挙法の改正を通じて定数は削減され，2016年の同法改正では，定数は465人（小選挙区選出議員289人，比例代表選出議員176人）と定められている。

　参議院議員選挙については，当初，地方区（各都道府県を単位とする）と全国区（全国を1つの選挙区とする）からなる選挙制度が採用されていたが，1982年に全国区制が比例代表制に改められたことにより，地方区選出議員は選挙区選出議員，全国区選出議員は比例代表選出議員と呼ばれるようになった。また，比例代表制では，当初，拘束名簿式が採用されていたが，2000年の公職選挙法改正を通じて，当選者を得票数の多い順に決定する非拘束名簿式が導入されることになった（第23章参照）。なお，2018年の同法改正で，定数は248人（選挙区選出議員148人，比例代表選出議員100人）と定められている。比例代表制では，名簿に「特定枠」（あらかじめ政党が決めた順位に従って当選者が決まる枠）を設けることもできるようになった（「特定枠」を使うかどうか，使う場合の人数については，各政党が自由に決めることになっている）。

[1] 日本国憲法は，国会議員の選挙を広く総選挙と呼んでいるが（7条4号），公職選挙法は，衆議院議員選挙（議員の任期満了による選挙，衆議院解散による選挙）を総選挙と呼び（31条），参議院議員選挙（議員の任期満了による選挙）を通常選挙と呼んでいる（32条）。

3）会期制度

　議会活動の方式には，活動期間を一定期間に定める会期制と，期間を定めない常設制がある。日本国憲法は，常会，臨時会について言及しており（52条・53条），会期制を採用していると考えられる。また日本国憲法54条は，衆議院解散に続く総選挙後に召集される国会を定めており，この国会は法律（国会法）上，特別会と呼ばれている。

① 　常会（通常国会）：予算や法律の議決のために毎年1回召集される。国会法によれば，1月中に召集するのを常例とし，会期は150日間，両議院一致の議決で1回に限り延長することができる。

② 　臨時会（臨時国会）：常会閉会後，臨時の必要に応じて召集される。日本国憲法53条は，内閣の臨時会召集決定権を定めるとともに，いずれかの議

院の総議員の4分の1以上の要求があれば，内閣は召集を決定しなければならないと定めている。
③　特別会（特別国会）：衆議院解散の日から40日以内に総選挙が行われ，その総選挙の日から30日以内に召集される。

臨時会，特別会の会期は，両議院一致の議決で定め，会期の延長は，両議院一致の議決で2回に限り認められる。
④　参議院の緊急集会（日本国憲法54条2項・3項）：衆議院解散後，特別会が召集されるまで，国会はその機能を停止するが，この間に，国会が議決すべき緊急の事態が生じた場合，内閣は，参議院の緊急集会を求めることができる。緊急集会でとられた措置は臨時のものであり，「次の国会開会の後10日以内」に衆議院の同意がない場合，その効力を失う。

4）会議の原則

a）定足数，議決方法

日本国憲法は，両議院の会議における議事・議決の定足数を，総議員の3分の1と定めている（56条1項）。表決については，特別の定めのある場合を除き，出席議員の過半数で決することを定め，可否同数のときは議長の決するところによると定めている（56条2項）。

b）公　開

両議院の会議は，公開で行われ，議事録を作成して一般に頒布することが，日本国憲法で定められている（57条1項・2項）。ただし，出席議員の3分の2以上の多数で議決したときは，秘密会を開くことが認められている（57条1項）。

なお両議院には，各中央省庁の所掌事項にほぼ対応したかたちで，担当分野ごとに委員会（常任委員会，特別委員会）が設置され，国会運営の中心を占めるに至っているが，委員会は完全な公開を原則としていない（国会法52条）。

国民の「知る権利」に応えるためにも，委員会の公開度を高めることが要請されている。

2. 国会・議院の権能，議員の特権

(1) 国会の権能
1) 法律案の議決
　法律案は，両議院で可決したとき法律として確定する（日本国憲法59条1項，以下本節で特にことわりのないものは，すべて日本国憲法を指す）。特別の場合として，衆議院で可決し参議院でこれと異なった議決をしたとき，又は衆議院で可決して参議院が60日（国会休会中の期間を除く）以内に議決しないとき，衆議院で出席議員の3分の2以上の多数で再可決すれば，その法律案は法律として確定する（59条2項・4項）。なお，「一の地方公共団体にのみ適用される特別法」は，その地方公共団体の住民の投票で過半数の同意を必要とする（95条）。

2) 予算の議決
　予算を作成する権限は内閣にあるが（73条5号），毎年度の予算は国会の議決を経る必要がある（86条）。予算は，衆議院に先に提出しなくてはならない（衆議院の先議権，60条1項）。参議院で衆議院と異なった議決をした場合に両院協議会を開いても意見が一致しないとき，又は衆議院で可決した予算を参議院が30日（国会休会中の期間を除く）以内に議決しないとき，衆議院の議決が国会の議決となる（60条2項）。

3) 条約の承認
　条約を締結する権限は内閣にあるが，事前に，時宜によっては事後に，国会の承認を経る必要がある（73条3号）。衆議院と参議院が異なった議決をした場合に両院協議会を開いても意見が一致しないとき，又は衆議院で議決したのち参議院が30日（国会休会中の期間を除く）以内に議決しないとき，衆議院の議決が国会の議決となる（61条）。

4) 内閣総理大臣の指名
　内閣総理大臣は，国会議員の中から国会が指名する（67条1項）。衆議院と参議院が異なった指名の議決をした場合に，両院協議会を開いても意見が一致しないとき，又は衆議院が指名の議決をしたのち参議院が10日（国会休会中の期間を除く）以内に指名の議決をしないとき，衆議院の議決が国会の議決とな

る（67条2項）。

5）弾劾裁判所の設置

国会は，罷免の訴追を受けた裁判官を裁判するために，両議院の議員で組織する弾劾裁判所を設置することができる（64条1項）。弾劾は，公務員に非難すべき行為（職務義務への著しい違反，威信を著しく損なう非行等）があった場合に，それを理由にしてその職を解くことであり，国会に設置された訴追委員会の訴追をまって，合議制（各院の議員の中から選出された同数の議員から構成される裁判所）で裁判を行う（国会法125条～129条）。

6）憲法改正の発議

日本国憲法の改正は，①国会の発議（各議院の総議員の3分の2以上の賛成が必要），②国民の承認（国民投票等における過半数の賛成が必要），③天皇の公布という3つの手続を経て行われる（96条）。国民に提案される憲法改正案は，国民の代表機関である国会が決定する。

7）内閣の報告を受ける権能

内閣総理大臣は，「一般国務及び外交関係について国会に報告」することが定められており（72条），国会はこれらの報告を受ける権能を持つと解することができる。

（2）議院の権能
1）議院自律権

日本国憲法は，衆議院と参議院に，他の国家機関（内閣，裁判所など）や他の議院から干渉を受けることなく，内部の組織・運営について自主的に決定できる権能を与えている。

① 議員の資格争訟の裁判権（55条）：議員の資格に関する争訟（被選挙権を有しているかどうか，議員との兼職が禁じられている職務についているかどうか）があるときは，議院で裁判を行う。議員の議席を失わせるには，出席議員の3分の2以上の多数による議決を必要とする。

② 役員の選任権（58条1項）：各議院は，議長その他の役員を選任する。役員とは，議長，副議長，仮議長，常任委員長，事務総長をいう（国会法16条）。

③ 議院規則の制定権（58条2項）：各議院は，会議等の手続など，議院の内部事項についての規律を定めることができる。
④ 議員の懲罰権（58条2項）：各議院は，院内の秩序を乱した議員を懲罰することができる。ただし，議員を除名するには，出席議員の3分の2以上の多数による議決を必要とする。

2）国政調査権

各議院は，内閣総理大臣その他の国務大臣に対して，答弁・説明のための出席を要求することができる（63条）。さらに各議院は，国政に関して調査を行うことができ，証人の出頭・証言，記録の提出を要求することができる（62条）。国政調査権の行使が司法権の独立を侵害することは許されず，刑事手続開始後には国政調査権は制約される，との立場が通説である。

しかしその一方，議院が裁判所と異なる目的を持ち適切な方法で調査を行う場合，その調査は可能である，との条件付肯定説も有力である。また，国政調査権の行使が個人のプライバシー権を侵害することは許されないが，国民の「知る権利」を重視する立場から，公人についてはプライバシー権の侵害を理由に証言等を拒否するべきではない，との学説もみられる。

（3）議員の特権

1）歳費受領権

両議院の議員は，国庫から相当額の歳費を受け取ることができる（49条）。

歳費は，議員活動に対する報酬であり，国会議員が生活に不安を覚えず議員活動に専念するために支給されるものと解することができる。

2）不逮捕特権

両議院の議員は，法律の定める場合を除いては国会の会期中逮捕されず，会期前に逮捕された議員も，所属議院の要求があれば会期中釈放される（50条）。

この特権を保障する趣旨は，①政府の権力によって議員の職務の執行が妨げられないようにすること，②議院の審議権・自主性を確保することにある，との見解が有力である。なお，「法律の定める場合」とは，①院外における現行犯の場合，②議員が所属する議院の許諾がある場合である（国会法33条・34条）。

3）免責特権

両議院の議員は，議院での発言・表決について，院外で責任を問われない（51条）。「責任」は，民事上・刑事上の責任などをいう。議員の職務の執行の自由を最大限に保障するための特権である，と考えられる。

第25章 行政権

1．行政権と内閣

（1）行政権の概念と内閣の地位

　日本国憲法65条は「行政権は，内閣に属する」と定めている。

　行政権は，国家の権限から立法権と司法権を除いた部分の権限である，と理解するのが通説である（控除説）。この説は，君主が握っていた権限のうちから，まず立法権が議会に与えられ，次に司法権が裁判所に与えられていくという歴史的経緯にも合致し，多様な行政活動を包括的に説明できる点で妥当であるとされている。

　その一方で，①行政官庁による不透明な権限行使などを批判する立場から，行政権は常に法律に基づいて発動されるべき権限である，とする説（法律執行説），②内閣の政治的指導力を重視する立場から，国の政策を積極的に形成する政治的権限としてとらえるべきである，とする説（執政権説）などが唱えられている。

　いずれにせよ，日本国憲法65条は，内閣に行政権の主体としての地位を認めている。一般には，行政権は行政各部の機関が行使するが，内閣は行政各部を指揮監督し，行政事務全体を調整・統括する地位にある。

　明治憲法では，天皇が統治権を総攬し，「国務各大臣ハ天皇を輔弼シ其ノ責ニ任ス」（55条）とされた。明治憲法の条文には，「内閣」の文言すらなかった。これに対して，現憲法は，内閣を憲法上の機関として位置付け，行政権の内閣への帰属を明示している。

（2）内閣の組織

1）内閣と行政組織

　日本国憲法は，内閣の組織について，「その首長たる内閣総理大臣及びその

他の国務大臣でこれを組織する」と定めている（66条1項）。内閣の組織等については内閣法が詳細に規定し，内閣が指揮監督する行政各部の組織等については国家行政組織法が詳細に規定している。

内閣総理大臣及びその他の国務大臣は，内閣の構成員であるとともに，各省庁の大臣でもあるのが通例であるが，行政事務を分担管理しない大臣（無任所の大臣）を置くこともできる（内閣法3条）。

中央省庁については，中央省庁等改革関連法（2001年），防衛省設置法（2007年）により，内閣府・総務省・法務省・外務省・財務省・文部科学省・厚生労働省・農林水産省・経済産業省・国土交通省・環境省・防衛省を置く体制が整備されている。

1990年代に入ると，「官僚主導」を是正して「政治主導」を実現しようとする声が高まり，1996年以降，「行政改革」が進められた。この改革は，内閣機能の強化，内閣総理大臣の指導性の強化を特徴とするものでもあり，例えば内閣法の改正により，内閣総理大臣を補佐する内閣官房の体制が強化され，内閣官房副長官が2人から3人に増員されたりした。また，内閣府設置法（2001年）によって誕生した内閣府（内閣総理大臣を主任大臣とする）は，国家行政組織法の適用外の組織として機能することになり，経済財政諮問会議等が設置されるなど，現実的課題に対応する機動力の強化が図られることになった。

2）独立行政委員会

行政権は内閣に帰属するが，内閣の指揮監督に服さず，独立して職権を行使する合議制の行政機関が存在する。総務省には公害等調整委員会，法務省には公安審査委員会，厚生労働省には中央労働委員会，国土交通省には運輸安全委員会，環境省には原子力規制委員会が，それぞれ外局として設置されており，内閣府には国家公安委員会，公正取引委員会などが設置されているが，これらを独立行政委員会と呼ぶ。独立行政委員会の制度は，戦後の民主化の過程において，政党の圧力を受けない中立・公正な行政を確保する目的で導入された。ただし，行政権を行使する以上，一定の監督は必要であり，国会のコントロールを条件にして，その委員会活動を認めるのが適当であるといえよう。

(3) 内閣総理大臣と国務大臣
1) 内閣構成員の要件

日本国憲法は，①内閣総理大臣その他の国務大臣は文民であること（66条2項），②内閣総理大臣は国会議員であること（67条1項），③国務大臣の過半数は国会議員であること（68条1項但書）を，内閣構成員の要件として定めている。

なお，「文民」（civilian）の意味については，「現在職業軍人でない者とこれまで職業軍人であったことがない者」と解釈するのが通説である。シビリアン・コントロール（議会に責任を負う文民の大臣が軍事権をコントロールし，軍の独走を抑止する原則）を徹底しようとする立場から，過去及び現在の自衛隊員も「文民」でないとする説が有力であるが，過去に自衛隊員であった者の「文民」性を一切否定するのは行き過ぎであるとの指摘もみられる。

2) 内閣総理大臣の地位と権限

日本国憲法は，内閣総理大臣は「国会議員の中から国会の議決で」指名され（67条1項），天皇によって任命される（6条1項）ことを定めている。

明治憲法下では，内閣総理大臣は「同輩中の首席」に過ぎず，他の国務大臣と対等の地位にあったため，閣内の意見が一致しない場合，衆議院を解散するか，総辞職せざるを得なかった。これに対して，現憲法は，内閣総理大臣に「首長」としての地位を認め（66条1項），種々の重要な権限を与えることにより，内閣の一体性・統一性を確保しようとしている。以下，日本国憲法の規定を詳しくみてみよう。

① **国務大臣の任免権**（68条）：内閣総理大臣に，国務大臣の任命権を認める（1項）とともに，「任意に国務大臣を罷免する」権限を認めている（2項）。

② **国務大臣の訴追に対する同意権**（75条）：「国務大臣は，その在任中，内閣総理大臣の同意がなければ，訴追されない」として，内閣総理大臣の訴追同意権を定めている。検察権の行使を規制し，内閣の安定性を確保するための権限であると解されている。

③ **議案提出権・国務報告権・行政指揮監督権**（72条）：「内閣総理大臣は，内閣を代表して議案を国会に提出し，一般国務及び外交関係について国会に報告し，並びに行政各部を指揮監督する」と定めている。議案提出権の「議

案」に法律案が含まれるかについては，憲法解釈上争いがあるが，内閣法5条は「内閣総理大臣は，内閣を代表して内閣提出の法律案を（中略）国会に提出」すると定め，内閣の法律案提出権を認めている。昨今，内閣主導型の政党政治が発達し，行政権が肥大する状況下で，重要法案のほとんどを内閣提出法案が占める傾向が顕著である。議員立法（議員又は委員会が作成する法律案）の増加が望まれている。

④ **その他の憲法上・法律上の権限**：日本国憲法74条は，「法律及び政令には，すべて主任の国務大臣が署名し，内閣総理大臣が連署することを必要とする」と定め，内閣総理大臣の連署権限を定めている。また，内閣法は，閣議の主宰・発議（4条2項），大臣の権限に関する疑義の裁定（7条），行政各部の処分・命令の中止（8条），内閣総理大臣及び国務大臣の臨時代理の指定（9条・10条）などに係る権限を，内閣総理大臣に認めている。警察法は，大規模災害その他緊急事態の布告・統制等の権限（71条～74条），自衛隊法は，自衛隊の防衛出動命令の権限（76条）を，内閣総理大臣に与えている。

2．内閣の権能

内閣は，広汎な行政権を行使するが，その主要な権限を，①日本国憲法73条に列挙される事項，②日本国憲法の他の条文によって定められる事項に大別すれば，下記のとおりとなる。

(1) 日本国憲法73条が定める事項

① **法律の誠実な執行と国務の総理（1号）**：「法律の誠実な執行」権限は，行政権の中心的内容といえる。「国務の総理」は，行政事務全体を調整・統括し，行政各部を指揮監督することを意味する。

② **外交関係の処理（2号）**：外交使節の任免，外交文書（批准書，全権委任状，大使・公使の信任状等）の作成，外交使節の授受などの事務を行うことを意味する。

③ **条約の締結（3号）**：条約には，当事国の署名によって成立するものと，批准により成立するものがあるが，署名・批准の事前若しくは事後に，国会の承認を得ることが必要とされている。国会の承認については，事前承認が

原則であり，特に理由がある場合にのみ事後承認も認められると理解されている。
④ 官吏に関する事務の掌理（4号）：内閣の権能に属する事務を担当する国家公務員の，任免・昇進・給与・懲戒等の処理を行うことを意味する。
⑤ 予算の作成・提出（5号）：予算については，その作成は内閣の権限であるが，国会に提出し国会の議決を経ないと執行することはできない。
⑥ 政令の制定（6号）：行政機関が制定する法形式「命令」（政令・府令・省令・規則）中の政令を制定する権限である。「憲法及び法律の規定を実施するため」の政令制定権であり，法律執行の細則としての「執行命令」や，法律の授権に基づき制定される「委任命令」は認められるが，法律の根拠を持たない「独立命令」や，法律と同じ効力を持つ「緊急命令」などの制定は認められない。
⑦ 恩赦の決定：大赦（有罪宣告を失効させ，又は公訴権を消滅させる行為），特赦（特定の者に対し有罪宣告を失効させる行為），減刑，刑の執行の免除，復権（有罪宣告により停止された資格の回復）を，総称して恩赦という。一般的な恩赦は，政令で要件を定めて行われる。

（2）73条以外の日本国憲法条文が定める事項

①天皇の国事行為についての「助言と承認」（3条），②最高裁判所長官の指名（6条2項），③その他の裁判官（最高裁判所の長官以外の裁判官，下級裁判所の裁判官）の任命（79条1項・80条1項），④国会の臨時会召集の決定（53条），⑤参議院の緊急集会の決定（54条2項・3項），⑥予備費の支出（87条），⑦決算審査の報告（90条1項），⑧財政状況の報告（91条）などがある。

3．議院内閣制

（1）内閣の責任

日本国憲法66条3項は「内閣は，行政権の行使について，国会に対し連帯して責任を負ふ」と定め，内閣の責任についての一般原則を示している。明治憲法では，国務各大臣は単独で天皇に対し責任を負うものとされていた。現憲法では，内閣は連帯して国会に対し責任を負うことが示されており，議院内閣

制の基礎となる規定が設けられている。

　ここでいう「責任」は，政治的責任を意味する。国会は内閣に対して，民事上・刑事上の違法行為等を理由にして責任を追及する必要はなく，政治問題一般を理由にして責任を追及することができる。また，この「責任」は「連帯責任」であり，内閣を組織する国務大臣は一体となって行動し，国会に対する責任を負わなくてはならない。

　ただし，各国務大臣が，個人的理由に基づき，又はその所管事項について，単独の責任を負うことは，憲法上否定されているわけではない。個別の国務大臣に対する不信任決議は，衆議院・参議院の両院に認められている。

(2) 総　辞　職

　内閣は，任意に総辞職することができる。ただし，次の場合は，必ず総辞職しなくてはならない。①衆議院が不信任の決議案を可決し，又は信任の決議案を否決したとき，10日以内に衆議院が解散されない場合，②内閣総理大臣が欠けた場合，③衆議院議員総選挙の後に初めて国会の召集があった場合（日本国憲法69条・70条）。

(3) 衆議院の解散

　解散は，議院に属する議員全体に対して，その任期途中で議員の職を失わせる行為である。衆議院による内閣不信任は，衆議院議員総選挙をはさむかどうかの違いはあれ，内閣に総辞職を強制することになるが，この不信任に対する内閣側からの対抗手段が「衆議院の解散」である。

　日本国憲法は，解散の実質的決定権がどこにあるかを明示していない。学説上は，内閣の自由な解散権を肯定する立場が有力である。実際の憲法運用においても，2017年9月28日解散までの24回の衆議院解散中，内閣不信任決議案の可決に基づく解散は4回実施されたのみで，残りの20回は，「内閣の助言と承認」に基づく天皇の国事行為としての衆議院解散（7条3号による解散）であった。

　もっとも，比較憲法的にみれば，OECD加盟国では解散権制約が主流となっているという事実も看過できないであろう。例えば，イギリスでは，2011年

に「議会任期固定法」が制定され,議員任期途中の下院総選挙は,下院の自主解散議決（3分の2以上の賛成）による場合等に限られることになった。

　議院内閣制の民主的運営のあり方を,さらに検討する必要があると思われる。

第26章 司法権／地方自治

1. 司　法　権

　日本国憲法76条1項（以下本章条文で特にことわりのないものは，すべて日本国憲法を指す）には「すべて司法権は，最高裁判所及び法律の定めるところにより設置する下級裁判所に属する」と規定されている。

　司法権とは，一般的に，「当事者間に，具体的事件に関する紛争がある場合において，当事者からの争訟の提起を前提として，独立の裁判所が統治権に基づき（司法権の独立という），一定の争訟手続によって紛争解決のために，何が法であるかの判断をなし，正しい法の適用を保障する作用」であると解釈されている。

　ここで重要なのは，司法権も国家権力のひとつであること，それが他の国家権力から独立していること，具体的な法的な争い（法律上の争訟）を解決するための手段であること，一定の適正な手続に基づいて行われることである。

　以下，司法権の範囲や限界について説明する。

（1）司法権の範囲

　明治憲法においては，司法権の範囲は民事裁判と刑事裁判に限定されていたが，日本国憲法では，それに加えて行政事件の裁判も含まれる。これは，76条2項が特別裁判所の設置を禁止し，行政機関による終審裁判を禁止していることによる。そのため，行政機関による一定の法的判断が下されるような場合があっても，当該判断に対する裁判所への不服申立ての制度が必ず用意されている。

（2）法律上の争訟

　司法権の対象となる事件は，すべての争いごとではなく，「法律上の争訟」

である（裁判所法3条）。

「法律上の争訟」とは，一般的に，当事者間の具体的な権利義務ないし法律関係の存否に関する紛争であって，それが法律を適用することにより終局的に解決することができるものに限られると解釈されている。

したがって，具体的な紛争がないにもかかわらず裁判所に法令の解釈を求めたり，単なる事実の確認のみを求めたり（権利義務の存否を判断する前提として事実の有無を判断することは当然になされる），宗教上の価値観に関する判断を求めたりすることなどはできない。

(3) 司法権の限界

法律上の争訟であっても，一定の例外があり，その例外に該当する場合，司法権は及ばない。

国会議員の資格争訟の裁判（55条）や裁判官の弾劾裁判（64条）については，日本国憲法そのものが明文で司法権が及ばない場合を規定している。国際法上の治外法権や条約による裁判権の制限のような国際法によって定められている場合もある。

ほかにも，事柄の性質上裁判所による審査に適しない場合が存在する。このそのほかの司法権が及ばない類型について少し説明を加える。

1) 統治機構（国会・内閣・最高裁判所）の自律権に属する行為

国会や各議院（衆議院と参議院）の議事手続や議員の懲罰（58条2項）などの国会や各議院の内部事項については，国会や各議院が自主的に決定できる権能を有しており（自律権という），司法権は及ばないと解されている。

同様に，内閣総理大臣による国務大臣の罷免（68条）や国務大臣の訴追の同意（75条），最高裁判所による下級裁判所裁判官指名のための名簿作成（80条1項）等についても司法権は及ばないと解されている。

2) 国会の自由裁量行為

唯一の立法機関である国会が一定の事項に対して法律を制定・改正・廃止するかどうか，法律を制定・改正する場合にどのような内容にするのかについて裁量を持っており，基本的に司法権は及ばない。

3）統治行為

　統治行為とは，直接国家統治の基本に関する高度な政治性を持った国会又は内閣の行為を指し，統治行為をめぐる紛争が法律上の争訟の要件を満たす場合であっても，司法権は及ばないとする理論がある（統治行為論）。日本国憲法に明文化されているわけではない。最高裁判所の判例において統治行為論の考え方が取り入れられている。

　統治行為論の論拠の一つは，統治行為は，国民によって直接選任されていない（政治的に無責任又は中立な）裁判所の審査の範囲外にあり，当該行為の当否は国民に対して選挙を通じて直接責任を負う国会，又はこのような国会に責任を負う内閣の判断に委ねるべきであるというものである（内在的制約説）。もう一つは，統治行為に対して司法審査を行うことによる混乱（政治的対立に裁判所が巻き込まれることによる混乱）を回避するために裁判所は司法権の行使を自制すべきであるという考え方である（自制説）。

　実際に最高裁判所にて争われたのは，内閣によって締結され，国会が承認した日米安全保障条約の内容が違憲か否か，内閣による衆議院の解散が違憲か否かなどについてであり，最高裁判所はその判断を回避した。

（4）司法権の独立

　裁判が厳正かつ公正に行われるためには，裁判を担当する裁判官が，外部からの圧力や干渉を受けずに職責を果たすことができるようにしなければならない。そのために，司法権の独立は強く要請されるのである。

　日本国憲法では，「すべて裁判官は，その良心に従ひ独立してその職務を行ひ，この憲法及び法律にのみ拘束される」と規定し，司法権の独立を宣言している。司法権の独立は，司法権が立法権や行政権から独立していることと裁判官が裁判を行うにあたって独立して職権を行使できることという2つの意味がある。

　日本国憲法では，司法権の独立のために，下級裁判所裁判官の指名は最高裁判所が行うこと（80条1項），訴訟に関する手続等の規則制定権は最高裁判所にあること（77条1項），行政機関による裁判官の懲戒処分の禁止（78条），下級裁判所裁判官の報酬の減額禁止（80条3項）などの規定を設けている。

(5) 裁判所の種類・構成

　司法権を行使する裁判所は，最高裁判所と下級裁判所から構成される。下級裁判所は，高等裁判所，地方裁判所，家庭裁判所及び簡易裁判所の四種類で構成される（第14章参照）。

　特別裁判所の設置は禁止されるが（76条2項），行政機関が行政処分についての審査請求や異議申立てに対して裁決や決定を行う場合であっても，最終的に当該行政機関の裁決や決定の当否について裁判所による審査の道が残されている限り許される。

(6) 最高裁判所の構成と権限

　最高裁判所は，最高裁判所長官1名及び最高裁判所裁判官14名で構成される（79条1項，裁判所法5条3項）。最高裁判所長官は，内閣の指名に基づいて，天皇が任命する（6条2項）。最高裁判所裁判官は，内閣が任命し天皇がこれを認証する（79条1項，裁判所法39条3項）。国民による民主的なコントロールは国民審査制（79条2項）によってなされる。

　最高裁判所は，上告及び訴訟法で特に定められた抗告についての裁判権，違憲立法審査権（81条），最高裁判所規則の制定権（77条1項），下級裁判所の裁判官指名権（80条1項），下級裁判所及び裁判所職員を監督する司法行政監督権（裁判所法80条）などの権限を有する。

(7) 最高裁判所裁判官の国民審査

　司法権の独立は重要であるが，民主的コントロールも不可欠である。そこで，任命後初めて行われる衆議院議員選挙の際に国民審査に付され，その後10年ごとに衆議院議員選挙の際に国民審査に付される。国民審査制は，リコール制（解職制）と解釈されていることから，積極的に罷免を可とする投票以外は罷免を可としないものとして扱うことになっている。具体的には審査用紙に罷免を可とするものに×印を記入されたものがそれ以外よりも多数となった場合にのみ罷免されるという方式が採られている。

　現実に国民審査によって罷免された最高裁判所裁判官はなく，多額の費用を投じて全国的に実施する意義を問われているが，国民による数少ない民主的コ

ントロールの手段であることから，その重要性は否定できない。

(8) 裁判の公開
　裁判の公正を確保するため，「裁判の対審及び判決は，公開法廷でこれを行ふ」と定められている（82条）。
　「対審」とは，裁判官の面前で当事者がその主張を口頭で述べることを指し，具体的には民事訴訟における口頭弁論手続及び刑事訴訟における公判手続が該当する。
　「公開」とは，国民による傍聴が認められるということである。ただし，「政治犯罪，出版に関する犯罪又はこの憲法第3章で保障する国民の権利が問題となつてゐる事件」を除き，公序良俗を害するおそれがある場合には公開を停止することができる（82条2項）。また，傍聴席の数に制限があることや裁判長による法廷秩序の維持の必要性から法律や最高裁判所規則によって一定の制限を加えることは可能である。

2. 地方自治

　国家の運営（国政）は国会議員の国民による直接選挙等の民主主義と統治機構の三権分立の原理によってなされる。一方，日本国憲法では，「地方公共団体の組織及び運営に関する事項は，地方自治の本旨に基いて，法律でこれを定める」（92条）とし，地方の政治はその住民の自治に委ねられている。
　以下，地方政治の仕組みについてその概略を説明する。

(1) 地方自治の本旨の具体的意義
　「地方自治の本旨」とは，地方自治が住民の意思によって行われるという住民自治と地方自治が国から独立した団体（地方公共団体又は地方自治体）に委ねられるという団体自治を意味する。
　住民自治については，地方公共団体の長やその議会の議員を地方公共団体の住民が直接選挙によって選出するとされていること（93条2項）等からも明らかにされている。一方，団体自治については，地方公共団体がその財産の管理，事務の処理及び行政執行の権能を有し，かつ法律の範囲内で条例が制定で

きるとされ（94条），こちらも明文化されている。

（2）地方公共団体の構成

地方公共団体とは，47都道府県と各都道府県内の市町村である。なお，東京都の特別区については，判例上地方公共団体には該当しないと解釈されている。

地方公共団体には議会が設置され，議会の議員は住民の直接選挙によって選ばれる。さらに地方公共団体の長（知事や市長など）は，住民の直接選挙によって選ばれる。国会議員が国民の直接選挙によって選ばれ，内閣総理大臣が国会で指名されることと比較すると，地方公共団体における住民自治の度合いが強いことがわかる。

（3）条　　例

地方公共団体は法律の範囲内で条例を制定することができる。これは，地方公共団体の自治権の中枢をなすものであり，地方議会が地方自治法の事務の遂行に必要な範囲で制定するものと国会が制定する法律の特別の委任に基づいて地方議会が制定するものとがある。

地方公共団体の条例制定権には，自治事務に関することでなければならないという限界はあるが，その範囲内であれば国の法律とは原則として無関係に独自に規定を設けることができる。したがって，条例によって住民の財産権の内容を規制したり，条例に罰則を設けたり，条例によって地方税を賦課徴収したりすることも可能である。

なお，条例は「法律の範囲内で」という制限があることから，法律に反してはならないという限界はある。

第27章 平和主義

1. 平和主義憲法の形成

　1945年，第二次世界大戦が終わり，無条件降伏した日本に対して連合国の占領（実質的には米軍の単独占領）が開始され，日本は独立を失った。ドイツのように政府を解体して占領軍が直接に統治したのではなく，日本占領は，天皇と政府を残し，その上に立つ連合国最高司令部（GHQ）が政府を指揮して統治する間接的な占領形態で行われた。

　第二次世界大戦の結果として，ドイツのナチス政府が完全に解体されたように，日本にも軍の武装解除はもちろん，軍国主義体制の解体が必要であった。連合国の立場からも，家族を失い食糧も家も生活も何もかも失った日本国民の立場からも，もはや戦争ではなく平和を志向する国のあり方が求められていた。明治憲法の改正（日本国憲法の草案作成）は，はじめは日本政府の手で行われたが，その内容はあまりにも守旧的でGHQはこれを認めず，草案作成はあらためてGHQ内部で開始された。

　憲法草案作成の基本方針は，マッカーサー最高司令官によってマッカーサーノートの3原則として示された。その中で日本の平和主義については，"War as a sovereign right of the nation is abolished. Japan renounces it as an instrumentality for settling its disputes and even for preserving its own security." と明言しており，国家主権の発動としての戦争は廃止されること，次いで日本は紛争解決の手段としての戦争及び自衛のための戦争も放棄することが指示されている。当初は自衛戦争も認めない方針だったのである。

　日本国憲法前文は，「政府の行為によつて再び戦争の惨禍が起ることのないやうにすることを決意し」「日本国民は，恒久の平和を念願し」「平和を愛する諸国民の公正と信義に信頼して，われらの安全と生存を保持しようと決意した」「われらは，平和を維持し，専制と隷従，圧迫と偏狭を地上から永遠に除

去しようと努めてゐる国際社会において，名誉ある地位を占めたいと思ふ。われらは，全世界の国民が，ひとしく恐怖と欠乏から免かれ，平和のうちに生存する権利を有することを確認する」と述べて，この憲法が平和を志向する理念を明らかにしている。

この志向性を具体化したのが9条の戦争放棄条項である。

9条の1項は，「日本国民は，正義と秩序を基調とする国際平和を誠実に希求し，国権の発動たる戦争と，武力による威嚇又は武力の行使は，国際紛争を解決する手段としては，永久にこれを放棄する」として，①国権の発動たる戦争，②武力による威嚇，③武力の行使の3つを永久に放棄すると定めている。

①は相互に相手の国と全国民とを敵として戦ういわゆる戦争であり，宣戦布告を伴うのが典型的であるが，日中戦争のように宣戦布告のないままに拡大して全面戦争になってしまう場合もある。②は武力すなわち軍事力を誇示して外交交渉を有利に運ぼうとするような場合，③は軍事力を実際に用いる戦闘行為であるが，国境紛争などで互いの部隊が発砲し合ったり，一部国境を越えてテロリストを追撃したりすることがあっても，それが直ちにお互いの全国民同士の全面戦争とはならないのが一般的である。戦争未満の軍事衝突だが，ごく限定的な小規模戦闘から戦争に近いものまで幅が広い。

9条の2項は，「前項の目的を達するため，陸海空軍その他の戦力は，これを保持しない。国の交戦権は，これを認めない」として，すべての戦力を持たないこと，国が他国と戦争をする権限を否定することを定めている。

2．自衛戦争の否定

犯罪などの不正な侵害から自分の身を守る権利，すなわち自衛権を持たない人間はいない。同じように，たとえ小さな国であっても，自衛権を持たない国はありえない。したがって，前述のように日本国憲法前文と9条によって戦争を放棄している日本といえども，自衛権まで放棄したわけではないと考えるのは妥当であろう。

では，自衛権の行使として自衛戦争を行うことはどうだろうか。自衛権があるということと，自衛のためなら戦争もできるということは同じではない。

フランス，ドイツ，韓国など侵略戦争を憲法で否定する国々はあるが，侵略

戦争と自衛戦争は実際には明確に区別できない。侵略を自衛目的と詐称したり，満州国や1990年の地域大国イラクによる小国クウェート侵攻のように，自分に都合のいい政権からの要請と称する場合もある。また領土紛争のように，そもそも係争地がどの国の領土なのかはっきりしない場合には，自衛も侵略も相互的である。

このように自衛戦争を明確に限定的に定義するのが困難な現実がある。自衛戦争を認めれば，実際にはその許容範囲は際限もなく拡大して，その国が自衛と言いさえすれば，戦争を一般的に認めることと変わらなくなってしまう可能性もある。自衛権をすべての国に認めることに問題はない。しかしそれを守るための戦争が，侵略にならないための十分に効果的な定義や合意はまだ存在していないのである。

日本国憲法起草開始の時点では，上述のように，マッカーサーノートは自衛のためでも戦争は認めていなかった。草案完成後の帝国議会での審議でも，当時の吉田茂首相は次のように，憲法の規定は自衛権を否定していないが，明確に自衛戦争を否定していると述べている。

> 戦争放棄に関する本案の規定は，直接には自衛権を否定はして居りませぬが，第九条第二項に於て一切の軍備と国の交戦権を認めない結果，自衛権の発動としての戦争も，又交戦権も放棄したものであります，従来近年の戦争は多く自衛権の名に於て戦はれたのであります，満洲事変然り，大東亜戦争亦然りであります。(旧字体を変更)
>
> 1946年6月26日衆議院　吉田茂答弁

日本国憲法の平和主義については，その当初，GHQも日本政府も明確に自衛戦争を認めていなかったのである。

3．自衛のための武力行使の肯定

占領期間中の1949年，内戦中だった中国に社会主義政権が誕生し，ソビエト連邦と合わせて社会主義の存在感は巨大なものとなった。その結果，アメリカを中心とする資本主義勢力と社会主義勢力との対立が強まり，翌1950年に

は朝鮮戦争へと燃え広がった。

　当時、占領は最終段階を迎えており、講和条約が締結されれば占領軍は日本から撤退し、平和憲法によって軍事力を持たない日本が残ることになる。そこに隣国で起こった戦争は、アメリカにも日本にも大変な脅威であった。朝鮮半島には日本占領米軍が国連軍として出撃し、朝鮮戦争開戦翌月の1950年7月マッカーサー書簡は、吉田首相に対して警察予備隊という75,000名の武装部隊創設を許可し、海上保安庁に8,000名の増員を認めた。すぐ1か月後には警察予備隊が発足したことからも、朝鮮戦争下での措置の緊急性がうかがわれる。

　軍隊ではなく、米軍の治安維持力が朝鮮戦争で手薄になったのを補う、警察力という形で出発した部隊であったが、1952年には保安隊・警備隊に改組され、1954年にはこの組織が自衛隊となった。自衛戦争を否定してあらゆる戦力を持たない憲法の平和主義は、「自衛隊」という名称のように、自衛のための再軍備は認めるという方向へと変化したのである。

　1951年には講和条約とともに日米安全保障条約が締結され、日米は軍事的な同盟国となり、占領軍の一部は同盟国駐留軍として日本に残った。このとき、日本の独立回復と切り離されて沖縄、奄美諸島、小笠原群島はアメリカの施政権下とされ、その中でも沖縄には大量の米軍基地が置かれることとなった。

　自衛隊法が成立した1954年には、鳩山内閣は自衛隊について「自衛のための必要最小限度の武力」であり、これを超える「戦力」つまり戦争遂行能力を備えた軍隊ではないという有名な見解を示した。この年には日米MSA協定（日米相互防衛援助協定）が結ばれ、日本はアメリカに対して防衛力を増強させる義務を負った。前年の1953年に朝鮮戦争の休戦協定が成立し、不要となった兵器や物資が自衛隊の装備となり、日本を自衛する上でも、日米関係はその強固な前提となっていったのである。

　日本国憲法9条1項の戦争放棄条項には、「国際紛争を解決する手段としては」戦争や武力行使等を放棄するという語句がある。上記の政治過程の中で、政府はこの条文の意味を、自衛権の行使は国際紛争解決のためではないから、自衛権の行使は憲法上留保されていると解釈するようになり、憲法制定当初の

自衛権はあっても行使できないという解釈から，一定の条件に該当すれば行使できるという立場を取るようになった。その条件とは，
- ・わが国に対する急迫不正の侵害がある
- ・これを排除するために他の適当な手段がないこと
- ・必要最小限度の実力行使にとどまるべきこと

の3条件であり，国際的な自衛権行使の条件にならったものであった。

4．個別的自衛権と集団的自衛権

　自衛権は，一般的にはその国の国民と領土を守るものであり，その外に出るものではない。しかしNATO（北大西洋条約機構）のような，加盟国が集団防衛する組織も存在しており，日本もアメリカと日米安保条約によって同盟関係にある。また日本は国際連合の加盟国であり，その活動に協力すれば，日本領土の外での活動についても考えなければならない。

　自衛権の行使について「必要最小限度」という条件を課したのは，平和を志向する国として，その発動をできるだけ限定的にしたいという意思が働いたからである。集団防衛は侵略に対して集団で防衛するため，自国のみの防衛よりも効果的な場合がある。一方，集団的自衛権は，加盟する他国への攻撃に日本が反撃するという事態を招きかねない。これは必要最小限度の枠を超え，日本国憲法の平和主義に反することになってしまう。

　日米安全保障条約第5条は，「各締約国は，日本国の施政の下にある領域における，いずれか一方に対する武力攻撃が，自国の平和及び安全を危うくするものであることを認め，自国の憲法上の規定及び手続に従つて共通の危険に対処するように行動することを宣言する」と規定して，①この条約の対象が日本国の施政権下の地域であること，②日米が集団的自衛関係にあること，③防衛行動は日本国憲法の規定と手続に従うこと，の3つが宣言されている。日本が自衛権行使を必要最小限度に規制する限りは，日米同盟が直ちに相手国の戦争に引き込まれる危険を生むわけではない。

　日米同盟を規定する日米安全保障条約も日米地位協定も1960年以降変化していないが，1997年には「日米防衛協力のための指針」を改定し，日本に対する攻撃だけでなく，日本の周辺事態にも対応するものとして同盟の範囲を拡

大した。それに基づき「周辺事態法」が公布され，本法は2015年に「重要影響事態安全確保法」（正式な法律名は「重要影響事態に際して我が国の平和及び安全を確保するための措置に関する法律」である）に改正され，日本周辺でなくとも，重要影響がある事態には対応できるよう範囲はさらに拡大された。

また，自衛隊や自衛権行使のあり方については重要な変化があった。自衛隊の活動範囲は日本周辺であったが，1992年，国連の平和維持活動（PKO）に自衛隊が参加するための「国際平和協力法」（正式な法律名は「国際連合平和維持活動等に対する協力に関する法律」である）が成立し，PKOに参加する場合は自衛隊の海外派遣が可能になった。

2001年にニューヨークなどアメリカで同時多発テロが発生すると，「テロ対策特別措置法」（2007年までの限時法）が成立し，国連決議等に基づく多国籍軍にも自衛隊が後方支援できることになった。2014年，政府は自衛権行使の3条件を見直し，新3条件を閣議決定した。重要な点は，集団的自衛権を行使できるとしたことである。

・我が国に対する武力攻撃が発生したこと，又は我が国と密接な関係にある他国に対する武力攻撃が発生し，これにより我が国の存立が脅かされ，国民の生命，自由及び幸福追求の権利が根底から覆される明白な危険があること
・これを排除し，我が国の存立を全うし，国民を守るために他に適当な手段がないこと
・必要最小限度の実力行使にとどまるべきこと

これを受けて翌2015年に安保法制と呼ばれる「平和安全法制整備法（10法案改正法）」と「国際平和支援法」（正式な法律名は「国際平和共同対処事態に際して我が国が実施する諸外国の軍隊等に対する協力支援活動等に関する法律」である）が成立し，米軍支援の幅をさらに広げたほか，日本が攻撃された事態以外でも「存立危機事態」があれば自衛権が行使できるとした。

自衛権はもはや日本の領土・領海・領空にとどまらず，日本に重要影響がありそれによって日本が存立危機に陥るならば，日本から遠く離れた地でも行使できることとなった。もちろん他国に自衛隊を派兵することは日本国憲法に違反するが，公海上なら自衛隊を派遣できるのである。さらに必要最小限度とは

いえ，集団的自衛権が行使できるという閣議決定も行われた。日米同盟と自衛隊のあり方が大きく変化したことは事実である。

　原爆まで使用された戦争の悲惨から生まれた日本国憲法の平和主義は，自衛権解釈の拡大につぐ拡大によって，揺らいでいるかもしれない。冷戦の二極対立が終わり，世界は複雑さを増しているかにみえ，混迷は深まっている。しかし，むしろこの状況だからこそ，安易な軍事力増強や拡張主義を戒めて国際平和を希求しようとする平和主義の価値について，冷静にその現実的意味を考えることが現代の課題であろう。

第28章 象徴天皇制

1. 天皇の地位

　明治憲法は天皇主権制であった。国家を統治する大権は天皇の手にあったのである。

　日本国憲法では統治権を国会・内閣・裁判所などの機関に移行し、天皇は国政に関与しないものとしている。日本国憲法1条は、「天皇は、日本国の象徴であり日本国民統合の象徴であつて、この地位は、主権の存する日本国民の総意に基く」として、天皇の地位が、明治憲法下の君主ではなく、象徴としての地位となったことを明らかにしている。さらに、その地位は国民の総意に基づくのであり、象徴天皇制を維持するのもまた廃するのも、国民の意思によることを示している。

　象徴はsymbolの訳語であって、1931年のウェストミンスター憲章にthe Crown（王位、国王）が英連邦のsymbolであるとされたように、理念的なものを具体的なもので表す場合に用いられる。キリスト教の信仰を十字で、イスラム教の信仰を新月で、平和をハトで表すような類例がある。

　日本列島は具体的な存在だが、日本国という国家は理念的な存在であって、平和や信仰と同じくそれ自体に手で触れたりすることはできない。天皇が日本国の象徴であるとは、具体的な存在である天皇が、それ自体目には見えない日本という国家の象徴となるということである。

　また日本国民統合の象徴であるとは、日本国民が精神的・文化的にひとつのまとまりを持っていることを、天皇の存在が象徴するということである。

　日本国憲法は天皇の行為として国事行為を定めるだけで、象徴としての天皇に何らかの行為を求めてはいない。天皇はその存在そのものが象徴なのであり、特別な行為を必要としないのである。

　昭和天皇崩御の後、象徴天皇としてはじめて即位した天皇（平成の天皇）は、

戦争の犠牲となった土地や大災害の被災地を数多く訪れて，苦しみ悲しむ国民と共に在ろうとする行為を晩年まで続けられている。国の象徴とは何か，国民統合の象徴とは何かを考える場合，観念的な定義だけでなく，このような行為の意味もまた，天皇の地位が国民の総意に基づくということの意味とあわせて考える必要があるだろう。

　天皇の退位について，日本国憲法は何も定めていない。退位できるともできないとも定めてはいないのである。明治・大正・昭和の天皇は自ら退位することはなかったが，それ以前には，天皇が退位して上皇となり仙洞御所に移ることは珍しいことではなかった。はじめて象徴天皇として即位した平成の天皇は，日本国憲法の下で初めて自らの意思で退位した天皇となった。憲法上，天皇は退位し得るという先例が生まれたことになる。

2．国事行為

　日本国憲法第4条は，「天皇は，この憲法に定める国事に関する行為のみを行ひ，国政に関する権能を有しない」と定めている。英国の立憲君主制を「君臨すれども統治せず」と表現することがあるが，日本国憲法は前時代には絶対君主であった天皇を象徴とし，政治に関わる全権限を否定して，君臨も統治もしない象徴天皇制を創始したのである。

　国事に関する行為（国事行為）とは，日本国憲法の定める6条・7条の行為を指すと考えられている。重要な項目が列挙されているが，天皇には政治を実際に左右する権能はないので，その結果，国事行為は儀礼的な性質の行為ということになる。

　6条には，内閣総理大臣と最高裁判所長官の任命があげられている。三権のうち行政府と司法府の長であり，立法府を代表する衆参両院議長はあげられていない。両院議長は，主権者である国民から直接に選挙された国会議員の中で互選されるため，天皇の任命は適当でないと考えられたと思われる。

　これを首相や最高裁長官を決定する任命権と考えると事は重大になり，天皇が任命を拒否したらどうなるのかという問題にもなってしまう。しかし，天皇には国政に関する権能がないので，実際に首相の選定を左右することはできない。つまり6条の定める行為は実質的な任命権ではなく，任命の儀礼を行うこ

となのである。

　第7条には以下の国事行為が列挙されている。
一　憲法改正，法律，政令及び条約を公布すること。
二　国会を召集すること。
三　衆議院を解散すること。
四　国会議員の総選挙の施行を公示すること。
五　国務大臣及び法律の定めるその他の官吏の任免並びに全権委任状及び大使及び公使の信任状を認証すること。
六　大赦，特赦，減刑，刑の執行の免除及び復権を認証すること。
七　栄典を授与すること。
八　批准書及び法律の定めるその他の外交文書を認証すること。
九　外国の大使及び公使を接受すること。
十　儀式を行ふこと。

　これらの行為も基本的に儀礼的なものであり，1号の公布は実質的には官報掲載によって行われ，国会の召集や衆議院の解散を決定するのは内閣であって，天皇はそれらの儀礼を行うのである。ただ9号は儀礼的行為ではあっても，外国の大使・公使はこの儀礼によって自国を代表することを認められるので，実質的意味をも伴っている。

　明治憲法3条は，「天皇ハ神聖ニシテ侵スヘカラス」として無答責を定め，天皇は法的責任を問われないこととしたが，象徴天皇の国事行為についても天皇は責任を問われない。日本国憲法3条は，「天皇の国事に関するすべての行為には，内閣の助言と承認を必要とし，内閣が，その責任を負ふ」として，国事行為の責任は内閣が負うことを明らかにしている。天皇が国事行為を行うには，あらかじめ内閣の助言と承認を得る必要があるという制度になっており，天皇は内閣の意向に規制されることになる。内閣はその助言と承認の責任を負うのである。

　天皇が18歳の成年に達しない場合，心身の重い病や事故によって国事行為が行えない場合には，日本国憲法5条及び皇室典範（皇室に関する基本的な法律）により摂政を置く。摂政には皇族が就任し，皇位継承の順による。皇室典範21条は「摂政は，その在任中，訴追されない」と定めており，摂政以上に

重い地位の天皇は，国事行為以外についても訴追されないものと考えられている。

天皇が長期の不在等で国事行為を行えないときは，これを委任することができる。外国への親善訪問や，心身の静養が必要な場合などである。委任は「国事行為の臨時代行に関する法律」によって行われ，その資格者には，皇位継承者とはならない皇后はじめ女性皇族も含まれている。

3．皇位の継承

日本国憲法2条は，「皇位は，世襲のものであつて，国会の議決した皇室典範の定めるところにより，これを継承する」と定めている。皇位とは天皇の地位のことであり，世襲とはその地位を子孫が受け継いでいくことである。皇室典範9条は「天皇及び皇族は，養子をすることができない」と定め，同15条は，女性が皇后や男性皇族の妃となる以外，皇族以外の者が皇族となることはできないとしている。天皇の地位の継承は厳格な血統主義によっているのである。

皇室典範1条は，「皇位は，皇統に属する男系の男子が，これを継承する」として，皇位継承者の資格を定めている。皇統とは天皇の血統のことである。天皇の血統は男性にも女性にも受け継がれるが，男系とは男性皇族を父として血統を受け継ぐ場合であり，女系とは女性を母として血統を受け継ぐ場合である。皇室典範は女系を除外し，男系に限定して，さらに継承者は男性でなければならないとしている。

日本には6世紀に即位した推古天皇にはじまる数々の女性天皇の歴史がある。天皇が男性に限定されたのは，近代の明治になってからのことであり，むしろ男女を問わない皇位継承の方が伝統的であることもあって，皇室典範の男性主義には議論もある。継承者を男性に限ってしまえば，継承者がいなくなる可能性もないとはいえない。

仮に女性の天皇が即位したとして，その子が皇位を継承する場合を想定すると，その子は女系の天皇となってしまう。天皇の子が皇位を継承できないようではおかしいので，皇室典範は男子の部分だけでなく男系の部分にも検討が必要になる。日本国憲法は皇位継承の原則は世襲によると定めているだけなの

で，法律である皇室典範を国会で改正すれば，この問題は解決可能である。

皇位継承順は，皇室典範2条が次のように定めている。

一　皇長子

二　皇長孫

三　その他の皇長子の子孫

四　皇次子及びその子孫

五　その他の皇子孫

六　皇兄弟及びその子孫

七　皇伯叔父及びその子孫

しかし，今後も皇室制度を維持していくとすれば，皇位継承順にあげられているのはすべて男性であって，継承者が順調に確保できるかは問題である。現状では皇族のほとんどが女性であり，婚姻によって女性皇族は皇籍を離脱して皇族ではなくなってしまうため，皇族の数は急速に減り続け，男性の後継者を持つ宮家はわずかに一家のみである。皇位継承者を男系男子に限る現行制度の見直しと並んで，女性皇族が婚姻しても皇族としてとどまり，新しい宮家を立てられる制度の検討も必要である。

参 考 文 献

■第Ⅰ部　法学
- 五十嵐清：私法入門　改訂3版，有斐閣，2007
- 生田敏康・畑中久彌・道山治延・蓑輪靖博・柳景子：民法入門，法律文化社，2017
- 幾代通・広中俊雄編：新版注釈民法（15）債権（6）消費貸借・使用貸借・賃貸借，有斐閣，1992
- 石嵜信憲編著：労働契約解消の法律実務　第3版，中央経済社，2018
- 内田貴：民法Ⅰ総則・物権総論　第4版，東京大学出版会，2008
- 内田貴：民法Ⅱ債権各論　第3版，東京大学出版会，2011
- 大谷實：刑事法入門　第8版，有斐閣，2017
- 大林啓吾・手塚崇聡編著：ケースで学ぶ法学ナビ，みらい，2018
- 大村敦志：消費者法　第4版，有斐閣，2011
- 奥田昌道編：新版注釈民法（10）Ⅱ　債権の目的・効力（2），有斐閣，2011
- 奥田昌道・鎌田薫編：法学講義民法3　担保物権，悠々社，2006
- 奥田昌道・池田真朗編：法学講義民法5　契約，悠々社，2008
- 片岡曻：労働法（1）　第4版　総論・労働団体法，有斐閣双書，2007
- 片岡曻：労働法（2）　第5版　労働者保護法，有斐閣双書，2009
- 川井健：民法入門　第7版，有斐閣，2012
- 川島武宜・平井宜雄編：新版注釈民法（3）総則（3）法律行為（1），有斐閣，2003
- 久々湊晴夫・姫嶋瑞穂：医事法学―医療を学ぶひとのための入門書，成文堂，2015
- 窪田充見：家族法―民法を学ぶ　第3版，有斐閣，2017
- 窪田充見：不法行為法―民法を学ぶ　第2版，有斐閣，2018
- 佐久間修・高橋則夫・宇藤崇：いちばんやさしい刑事法入門　第2版，有斐閣，2007
- 潮見佳男：民法（全），有斐閣，2017
- 高橋朋子ほか：民法7　親族・相続　第5版，有斐閣，2017
- 谷口知平・五十嵐清編：新版注釈民法（13）債権（4）契約総則，有斐閣，2006
- 谷口知平・石田喜久夫編：新版注釈民法（1）総則（1）通則・人，有斐閣，2002
- 手嶋豊：医事法入門　第4版，有斐閣，2015
- 中田邦博・鹿野菜穂子編：基本講義消費者法　第3版，日本評論社，2018
- 日本弁護士連合会編：消費者法講義　第5版，日本評論社，2018
- 野村豊弘：民事法入門　第7版，有斐閣，2017

- 前田雅英：刑法総論講義　第6版，東京大学出版会，2015
- 山本敬三：民法講義Ⅳ―1 契約，有斐閣，2005
- 柚木馨・高木多喜男編：新版注釈民法（9）物権（4）抵当権・仮登記担保・譲渡担保・他，有斐閣，2015
- 労務行政研究所：労働法実務Q＆A全800問上　人事・労務管理，労務行政，2014
- 労務行政研究所：労働法実務Q＆A全800問下　賃金・労働時間，労務行政，2013
- 我妻榮：債権各論上巻（民法講義Ⅴ1），岩波書店，2008
- 我妻榮：債権各論中巻一（民法講義Ⅴ2），岩波書店，2008
- 我妻榮：新訂担保物権法（民法講義Ⅲ），岩波書店，2007

■第Ⅱ部　憲法

- 芦部信喜，高橋和之補訂：憲法　第6版，岩波書店，2015
- 浦部法穂：憲法学教室　第3版，日本評論社，2016
- 浦部法穂：憲法キーワード，有斐閣双書，1991
- 葛生栄二郎・高作正博・真鶴俊喜：平和と人権の憲法学―「いま」を読み解く基礎理論―，法律文化社，2011
- 久米郁男・川出良枝・古城佳子ほか：政治学　補訂版，有斐閣，2011
- 小泉洋一・島田茂編：公法入門　第2版，法律文化社，2016
- 小嶋和司・大石眞：憲法概観　第7版，有斐閣双書，2011
- 古関彰一：日本国憲法の誕生　増補改訂版，岩波現代文庫，2017
- 渋谷秀樹：憲法　第3版，有斐閣，2017
- 渋谷秀樹・赤坂正浩：憲法1 人権　第6版，有斐閣，2016
- 初宿正典・大石眞編：憲法Cases and Materials 人権　第2版，有斐閣，2013
- 鈴木昭典：日本国憲法を生んだ密室の九日間，創元社，1995
- 末広厳太郎：嘘の効用　新装版，日本評論社，2018
- 高橋朋子・床谷文雄・棚村政行：民法7 親族・相続　第5版，有斐閣，2017
- 谷口真由美編著：資料で考える憲法，法律文化社，2018
- 辻村みよ子：憲法　第6版，日本評論社，2018
- 樋口陽一：憲法入門　六訂，勁草書房，2017
- 樋口陽一・大須賀明編：日本国憲法資料集　第4版：三省堂，2000
- 毛利透：グラフィック憲法入門　補訂版，新世社，2016

- 国立国会図書館・電子展示会　www.ndl.go.jp/jp/d_exhibitions/index.html，2019
  帝国議会会議録検索システム
  史料に見る日本の近代
  日本国憲法の誕生

索 引

あ
朝日訴訟	153
新しい人権	119, 154
安楽死	85

い
遺言	37
遺産分割	36
医事法	80
移植医療	83
一事不再理	142
一般法	5
一票の格差	129
移転の自由	146
伊藤博文	108
違法性阻却事由	89
医薬品医療機器等法	68
遺留分	38
医療扶助	26
医療保険	27
因果関係	64, 89
姻族関係の終了	13
インフォームドコンセント	80, 122

う
氏の共同	10

え
栄典	127
営利法人	8
NPO法人	8
LGBT	12
縁組意思の合致	19

お
応報刑論	91
恩赦	176

か
解雇	77
外国移住の自由	146
介護扶助	26
介護保険	28
解除権	51
学習権	154
拡張解釈	4
学問の自由	137
家事調停手続	100
過失	63, 91
過失責任主義	43, 62
家庭裁判所	95, 100, 182
科料	93
簡易裁判所	96, 99, 182
元金	54
元金均等方式	55
患者の権利	80
患者の同意	81
慣習法	6
鑑定	98
元利均等法式	55

き
議院自律権	169
議員定数不均衡	130
議院内閣制	176
議員の特権	170
議決方法（国会）	167
期限の利益	56
危険負担	50
規制機能	87
貴族制度	127
期待可能性	91
基本的人権	112
義務教育の無償性	154
教育刑論	91
教育扶助	26
教育を受けさせる義務	161
教育を受ける権利	154
協議離婚	14
教授の自由	137
行政権	172
協力義務（婚姻）	10
居住の自由	146
寄与分	35
緊急集会（参議院）	165, 167
緊急逮捕	140
緊急避難（正当行為）	90
禁錮	93
近親婚の禁止	10
金銭消費貸借契約	53
金銭賠償の原則	65
近代憲法	106
勤労権	155
勤労の義務	162

く
クーリングオフ	73
苦役	138
具体的権利説	152
クレジットカード	56

け
経済活動の自由	114, 144
経済的自由権	144
刑事法	87
刑罰の本質	91
刑罰法規不遡及の原則	88
景品表示法	69
刑法の機能	87
契約	46, 53
契約自由の原則	48
契約取消権	11
結審	98
血族相続人	33
検証	98
原状回復請求	51

憲法	6, 104	婚姻解消	12	死後生殖	82
憲法改正の発議	169	婚姻適齢	10	事後法の禁止	142
権利	3, 6, 7, 39, 112	婚姻届	10	事故の抑止	61
権利侵害	64	婚姻の意思	9	私生活をみだりに公開され	
		婚姻費用の分担義務	11	ない権利	120
こ		婚約	15	自然人	7
故意	63, 91			実子	16
公安条例	136	**さ**		指定相続分	34
皇位継承	195	罪刑法定主義	87	私的自治の原則	43
行為能力	8, 47	債権	40	私的扶養	24
公益法人	8	最高裁判所	95, 182	私法	5
公開裁判	141	再婚禁止期間	10, 129	司法権	179
後期高齢者医療制度	28	再婚の自由	13	司法権の独立	181
公共の福祉		財産管理権（親権）	22		
	116, 145, 147, 148	財産刑	93	**しゃ**	
拘禁	140	財産権	7, 40, 148	社会権	115, 150
公権	7, 39	財産相続	32	社会秩序維持機能	87
構成要件該当性	89	財産的損害	65	社会的制裁	61
公的扶助	25	財産分与の請求権	14	社会的身分	126
高等裁判所	95, 182	財団法人	8	社会法	5
幸福追求権	118	最低賃金	75	社会保険	27
公平な裁判所	141	裁判の公開	183	社団法人	8
公法	5	裁判所	95, 182		
公務員の選定・罷免権	157	裁判離婚	15	**しゅ**	
拷問	143	歳費	170	集会・結社の自由	136
拘留	93	債務の弁済	49	衆議院	165
告示	6	採用内定	76	衆議院議員選挙	159, 165
国事行為	193	36（さぶろく）協定	79	衆議院の解散	177
国政調査権	170	差別	126	自由刑	93
国民教育権説	155	参議院	165	自由権	114, 150
国民健康保険	27	参議院議員選挙	160, 166	重婚の禁止	10
国民主権	111	残虐な刑罰	143	住宅扶助	26
国民審査	182	参政権	157	住宅ローン	57
国務大臣	174			集団的自衛権	189
国務の総理	175	**し**		終末期医療	84
個人の尊重	118	自衛権	186, 189	縮小解釈	4
国会	164	自衛戦争	186	主権	111
国家教育権説	155	自衛隊	188	出産扶助	26
国権の最高機関	164	死刑	92	出生前診断	82
子の監護と親権	14	死刑廃止	92	準正	18
雇用契約	75, 76	私権	7, 39		
雇用保険	30	自己決定権	122	**しょ**	
婚姻	9	自己情報コントロール権	121	常会（通常国会）	166

試用期間	76, 77				相続人廃除	34
消極規制	145		**せ**		相続の承認	37
証拠保全	98	西欧法		105	相続分	34
小選挙区制	159, 160	生活扶助		26	相続放棄	37
肖像権	121	生活扶助義務		25	遡及処罰の禁止	142
承諾の意思表示	46	生活保護		25	訴訟指揮	97
象徴天皇制	192	生活保護法		152	損害填補	61
証人喚問権	141	生活保持義務		24	損害賠償	60
証人尋問	98	生業扶助		26	尊厳死	85
証人審問権	141	政教分離		133	損失補償	149
消費者契約法	71	制限能力者		8	尊属殺	127
消費者法	67	生殖医療		81		
消費者問題	67	精神の自由		114, 132, 147	**た**	
消費貸借契約	53	製造物責任法		70	代襲相続	33
条約	6	生存権		151	大選挙区制	159
条約の承認	168	制定法		5	大日本帝国憲法	106, 108
条約の締結	175	正当行為		90	代理	48
省令	6	正当な補償		149	代理出産	81
条例	6, 184	正当防衛		90	多数代表制	159
職業選択の自由	145	成年擬制（婚姻）		11	堕胎	83
食品衛生法	68	成年被後見人		8, 9, 19, 48	弾劾裁判所	169
食品の安全	68	成年被保佐人		8	団結権	156
処分権主義	96	成年被補助人		8	団体交渉権	156
所有権絶対の原則	43	成文法		5	断定的判断の提供	72
		性別（平等，差別）		126		
しらーしん		生命刑		92	**ち**	
知る権利	119, 134	整理解雇		78	遅延損害金	54
人格権	40	政令		6	知的財産権	40
信教の自由	133	政令の制定		176	地方公共団体	184
親権	22	責任（犯罪行為）		90	地方裁判所	95, 96, 182
人権	112, 119	責任能力		63, 90	地方自治	183
人権保障機能	87	積極規制		145	嫡出子	16
人工妊娠中絶	83	絶対的不定期刑の禁止		88	中国法	105
人種	126	選挙制度		159, 165	抽象的権利説	152
信条	126	選挙人の無答責性		158	懲役	93
身上監護権	22	戦争放棄条項		186, 188	懲戒解雇	77
人身の自由	114, 138, 147				朝鮮戦争	188
親族関係の発生	11		**そ**		調停離婚	14
親族扶養	24	争議権		156	重複立候補制	160
審判離婚	14	葬祭扶助		26	賃金	75
		総辞職（内閣）		177		
す		相続		32	**つ**	
末弘厳太郎	115	相続欠格		34	追徴	94
		相続人		33		

通常国会	166

て

提訴	96
貞操義務	11
定足数（国会）	167
抵当権設定契約	57, 58
適正処罰の原則	88
典型契約	53
天皇	108, 192

と

同居義務	10
当事者本人尋問	98
同時履行の抗弁権	50
同性婚	12
統治行為	181
投票の自由	159
答弁書	97
特定非営利活動法人	8
特別会（特別国会）	167
特別受益者	35
特別の犠牲	149
特別法	5
特別養子	21
独立行政委員会	173
届出婚主義	9
奴隷的拘束	138

な

内縁	15
内閣	172
内閣総理大臣	168, 174
内閣の権能	175
内心の自由	132

に

二院制	164
二重の基準	135, 145
日常家事債務の連帯責任	11
日米安全保障条約	189
日本国憲法前文	185
日本国憲法の成立	108
認知（親子関係）	18

ね

年金保険	29

の

脳死	83
納税の義務	162

は

配偶者相続権	11
配偶者相続人	33
破壊活動防止法	136
罰金	93
判決	98
犯罪の成立要件	88
反対解釈	5
判例法	5

ひ

非財産権	7
非財産的損害	66
非嫡出子	18
非嫡出子の法定相続分	128
秘密投票	158
表現の自由	134
被用者保険	27
平等権	125
比例代表制	159, 160, 161

ふ

夫婦財産関係の消滅	14
夫婦別産制	11
福祉国家	151
復氏復籍	13
不実の告知	72
扶助義務	10
不逮捕特権	170
普通解雇	77
普通選挙	158
普通養子	19
物権	40
物権法定主義	42
不動産登記制度	58
不当逮捕	139
不文法	5
不法行為	60
不法行為成立の要件	62
扶養	24
プライバシー権	120
不利益供述	142
不利益事実の不告知	72
プログラム規定説	151
紛争解決	95
文民	174
文理解釈	4

へ

平和主義憲法	185
別件逮捕	140
弁護人依頼権	141

ほ

法	2
法益	87
法益保護機能	87
法解釈の方法	4
法人	8
法定解除権	51
法定債権	60
法定相続分	34
法定手続の保障	139
法的権利説	152
法適用平等説	125
法の正しさ	3
法の適正な手続	139
法の下に	125
法律	6
法律案の議決	168
法律婚主義	9
法律主義の原則	88
法律上の争訟	179
没収（財産刑）	94
堀木訴訟	154

索　引　203

ま
マグナカルタ	106
マッカーサーノート	185

み
身分権	40
民事調停	99

め
明確性の原則	88
明治憲法	106, 107, 112
免責特権	171

も
申込みの意思表示	46
申込みの誘引	47
勿論解釈	4
森有礼	108
門地	126

や
約定解除権	51
約定債権	60
薬品の安全	68
夜警国家	151

ゆ
唯一の立法機関	164

よ
養子	19
養親適格	19
抑留	140
予算の議決	168
予算の作成・提出	176
吉田茂	187

り
利益侵害	64
離縁（養子縁組）	20, 22
離婚原因	13
リストラ	78
利息	54
立法権	164
立法者拘束説	126, 128
リボルビング方式	55
両性の本質的平等	11
療養の給付	28
臨時会（臨時国会）	166

る
類推解釈	4
類推適用の原則	88

れ
令状主義	140
連帯保証人	56

ろ
労使協定	79
労働関係調整法	79
労働基準法	74, 156
労働基本権	156
労働協約	79
労働組合	78
労働契約	75, 76
労働三法	74
労働者災害補償保険	30
労働者の権利	155
労働法	74
労働保険	30
ローマ法	105

わ
ワイマール憲法	150

〔編著者〕　　　　　　　　　　　　　　　　　　　　　　（執筆担当）

山田　勉（やまだ　つとむ）　　神戸女子大学文学部教授　　　　　　1章，15章，16章，
　　　　　　　　　　　　　　　　　　　　　　　　　　　　27章，28章

笹田哲男（ささだ　てつお）　　兵庫大学短期大学部名誉教授　　　　19章，20章，23章，
　　　　　　　　　　　　　　　　　　　　　　　　　　　　24章，25章

〔著　者〕（五十音順）

七野敏光（しちの　としみつ）　同志社大学法学部非常勤講師　　　　4章，5章，17章，
　　　　　　　　　　　　　　関西学院大学法学部非常勤講師　　　22章

豊福　一（とよふく　はじめ）　兵庫大学兼任講師　　　　　　　　　7章，8章，11章，
　　　　　　　　　　　　　　　　　　　　　　　　　　　　14章，26章

仲尾育哉（なかお　いくや）　　椙山女学園大学現代マネジメント　　6章，9章，10章，
　　　　　　　　　　　　　　学部准教授　　　　　　　　　　　21章

姫嶋瑞穂（ひめじま　みずほ）　北海道医療大学薬学部・大学教育　　2章，3章，12章，
　　　　　　　　　　　　　　開発センター講師　　　　　　　　　13章，18章

新時代の 法学・憲法

2019年（平成31年）3月20日　初版発行
2020年（令和2年）8月5日　第2刷発行

編著者　山田　　勉
　　　　笹田　哲男

発行者　筑紫　和男

発行所　株式会社 建帛社 KENPAKUSHA

112-0011 東京都文京区千石4丁目2番15号
TEL (03) 3944-2611
FAX (03) 3946-4377
https://www.kenpakusha.co.jp/

ISBN 978-4-7679-4346-6　C3032　　　萩原印刷／ブロケード
Ⓒ山田　勉・笹田哲男ほか，2019.　　　Printed in Japan
（定価はカバーに表示してあります）

本書の複製権・翻訳権・上映権・公衆送信権等は株式会社建帛社が保有します。
JCOPY〈出版者著作権管理機構　委託出版物〉
本書の無断複製は著作権法上での例外を除き禁じられています。複製される場合は，そのつど事前に，出版者著作権管理機構（TEL03-5244-5088，FAX03-5244-5089，e-mail:info@jcopy.or.jp）の許諾を得て下さい。